DIE SOWJETUNION IM ÜBERGANG
VON BRESCHNEW ZU ANDROPOW

ABHANDLUNGEN DES GÖTTINGER ARBEITSKREISES

BAND 5

Die Sowjetunion im Übergang von Breschnew zu Andropow

Mit Beiträgen von

Heinz Brahm · Georg Brunner
Hans-Hermann Höhmann
Boris Meissner

DUNCKER & HUMBLOT / BERLIN

Die in dieser Reihe veröffentlichten Beiträge geben ausschließlich die Ansichten der Verfasser wieder.

CIP-Kurztitelaufnahme der Deutschen Bibliothek

Die Sowjetunion im Übergang von Breschnew zu Andropow / mit Beitr. von Heinz Brahm ... —
Berlin : Duncker und Humblot, 1984.
   (Abhandlungen des Göttinger Arbeitskreises ;
Bd. 5) (Veröffentlichung / Göttinger
Arbeitskreis ; Nr. 431)
   ISBN 3-428-05529-2
NE: Brahm, Heinz [Mitverf.]; Göttinger Arbeitskreis: Abhandlungen des Göttinger ...; Göttinger Arbeitskreis: Veröffentlichung

Der Göttinger Arbeitskreis: Veröffentlichung Nr. 431

Alle Rechte vorbehalten
© 1983 Duncker & Humblot, Berlin 41
Gedruckt 1983 bei Werner Hildebrand, Berlin 65
Printed in Germany
ISBN 3 428 05529 2

INHALT

Die sowjetische Innenpolitik zwischen Stillstand und Bewegung
Von Dr. *Heinz Brahm*, Bundesinstitut für ostwissenschaftliche und internationale Studien, Köln 7

Die Innenpolitik der Sowjetunion vor und nach dem XXVI. Parteitag der KPdSU
Von Prof. Dr. *Georg Brunner*, Universität Würzburg 25

Der Führungswechsel im Kreml
Von Prof. Dr. *Boris Meissner*, Universität Köln 59

Die sowjetische Wirtschaft zu Beginn der achtziger Jahre
Von Dr. *Hans-Hermann Höhmann*, Bundesinstitut für ostwissenschaftliche und internationale Studien, Köln 67

Die sowjetische Außenpolitik am Ausgang der „Breshnew-Ära"
Von Prof. Dr. *Boris Meissner*, Universität Köln 109

Die Beiträge dieses Bandes fußen auf Vorträgen, die auf der Wissenschaftlichen Jahrestagung des Göttinger Arbeitskreises am 29. und 30. April 1982 in Mainz gehalten wurden, sowie auf ergänzenden Darstellungen.
Die russischen Namen sind in der Schreibweise der Autoren belassen worden.

DIE SOWJETISCHE INNENPOLITIK
ZWISCHEN STILLSTAND UND BEWEGUNG

Von Heinz Brahm

I. Nutzen und Nachteil der Theorien

Die Geschichte richtet sich weder nach unseren Wünschen noch nach den Theorien, die man glaubt, aus historischen Abläufen ableiten zu können. Man hat zwar immer wieder gehofft, von den Höhen der Wissenschaft einen Blick auf das gelobte Land der Zukunft werfen zu können, aber die Voraussagen trogen oder erwiesen sich zufällig als mehr oder weniger zutreffend. Die Geschichte läßt sich nicht wie ein Fünfjahresplan entwerfen.

Am Beispiel der Sowjetunion, die nach kommunistischem Selbstverständnis ihre Existenz auf die Voraussagen von Marx gründet, haben Wissenschaftler ihre prognostischen Fähigkeiten häufig erprobt. In den fünfziger Jahren wandte man meistens die Totalitarismus-Theorie auf die Sowjetunion an: Das gesamte Land wurde im Schraubstock einer Partei gesehen, die die totale Kontrolle und Planung für sich beanspruchte[1]. Nach diesem Erklärungsversuch erschien die UdSSR mehr als ein statisches Gebilde, wenn auch Wandlungsmöglichkeiten nicht grundsätzlich geleugnet wurden[2]. Später stellte man der Totalitarismustheorie, die, wenn man so will, die Sowjetunion im Prinzip pessimistisch beurteilte, Theorien entgegen, die mehr zum Optimismus Anlaß geben konnten. Die Konvergenztheorie beispielsweise ging davon aus, daß die Industrialisierung in der Sowjetunion zu einem Abbau des Terrors und der Repression und damit letzten Endes zu einer Entwicklung führen würde, die der des „Westens" verwandt oder ähnlich sei[3]. Anderen schien die sogenannte Modernisierungstheorie umfassend genug zu sein, um mit ihr auch das Werk der Russischen Revolution interpretieren zu können. Ihr zufolge ist die Entwicklung der UdSSR eine Variante eines Prozesses, der mit der amerikanischen Unabhängigkeitserklärung und mit der Französi-

---

[1] Zur Auseinandersetzung mit der Totalitarismus-Theorie G. Brunner: Politische Soziologie der UdSSR, Teil II, Wiesbaden 1977, S. 181 ff.; A. von Borke/G. Simon: Neue Wege der Sowjetunion-Forschung, Baden-Baden 1980, S. 72 ff.; J. F. Hough/M. Fainsod: How the Soviet Union is Governed, Cambridge, Mass. 1979, S. 518 ff.

[2] M. Fainsod: Wie Rußland regiert wird, Köln 1965, S. 639 ff.

[3] Hierzu W. Rostow: Stadien wirtschaftlichen Wachstums, Göttingen 1961. Zur Kritik Zb. Brzezinski/S. Huntington: Politische Macht. USA/UdSSR, Köln 1966, S. 449 ff.

schen Revolution in Gang gekommen wäre und dann von der gesamten Welt Besitz ergriffen hätte[4].

Theorien haben natürlich ihren festen Platz in der Wissenschaft. Sie versuchen, Ordnung in das Durcheinander der Daten und Fakten zu bringen. Sie werden jedoch höchst fragwürdig, wenn sie in eine breitere Öffentlichkeit absinken. Die Autoren der Theorien sind sich in der Regel der Problematik ihrer Konstruktionen noch bewußt, aber für die passiven Konsumenten verengen sich Theorien nur zu leicht zu Kurzformeln mit einer dogmatischen Aussage. So kann man etwa hören, daß die UdSSR auch heute noch so total kontrolliert und regiert wird, daß keine autonomen Regungen von unten aufkommen können und daß jede Reform von vornherein ausgeschlossen ist, oder aber, daß sie sich — das andere Extrem — in einem Modernisierungsprozeß befindet, der über kurz oder lang zur Liberalisierung oder gar Demokratisierung überleitet.

Aber auch wenn man die unzulässigen Vereinfachungen, die sich nie und nirgendwo vermeiden lassen, einmal beiseite läßt, ergibt sich für jeden Verfechter einer Theorie die Versuchung, daß er nur noch das sieht, was er sehen will oder sehen muß, wenn er nicht seine Theorie revidieren oder verwerfen will. Wie man aber auch zu Theorien stehen mag, wichtig ist es eigentlich nur, daß man sich bei der Analyse der Fakten seine Unbefangenheit bewahrt und nicht seine Befürchtungen oder Hoffnungen in die Wertung einfließen läßt. Angesichts der manchmal zur Selbstgerechtigkeit neigenden Wissenschaft scheint der Appell zu einer vorurteilslosen Betrachtung immer wieder nötig zu sein. Es ist eigentlich beschämend, wenn ein Dichter wie Eugenio Montale in einem Gedicht mehr Nüchternheit aufbringt als manche Politikwissenschaftler, Soziologen und Historiker:

„Die Geschichte wird nicht gemacht
von dem, der sie überdenkt, und auch nicht
von dem, der sie nicht kennt. Die Geschichte
geht nicht voran, sie bockt,
sie verabscheut das Nach- und -Nach, sie geht nicht vorwärts
und nicht zurück, sie wechselt den Bahnsteig,
und ihre Fahrtrichtung
steht nicht im Fahrplan."[5]

Die Lokomotive der Geschichte, die die Oktoberrevolution nach dem Selbstverständnis der Kommunisten sein sollte, änderte in der Folge mehrfach ihren Kurs und führte zu Stationen, die nicht vorgesehen waren, und es

---

[4] C. E. Black (Hrsg.): The Transformation of Russian Society, Cambridge, Mass. 1960. Einen Überblick über die verschiedenen Interpretationen bei H.-U. Wehler: Modernisierungstheorie und Geschichte, Göttingen 1975. Hierzu A. von Borcke/G. Simon: Neue Wege der Sowjetunion-Forschung, S. 36 ff.

[5] E. Montale: Satura/Diario, München 1976, S. 55.

ist nicht einmal sicher, ob sie sich dem ursprünglichen angegebenen Bestimmungsort überhaupt nähert.

Im vorliegenden Aufsatz soll die letzte Strecke betrachtet werden, die die Sowjetunion unter Breshnew zurückgelegt hat.

Von Oktober 1964 bis November 1982 stand Breshnew an der Spitze der KPdSU. Nur Stalin, der rund 24 Jahre die Geschicke des Landes lenkte (1929—1953), konnte auf eine längere Herrschaft zurückblicken. Wenn es sich auch inzwischen eingebürgert hat, von der Breshnew-Periode zu reden, so ist damit noch nichts über die Gestaltungskraft ihres Namensgebers gesagt. Als Innenpolitiker war Breshnew im Vergleich zu seinen Vorgängern eher blaß. Er war kein Revolutionär wie Lenin, kein Diktator wie Stalin und kein Reformer wie Chruschtschow. Als Persönlichkeit war er im Gegensatz zu den drei Genannten auch nicht gerade stark ausgeprägt. Für einen Biographen ist sein Leben offensichtlich recht unergiebig — und das nicht nur, weil es kaum Hintergrundmaterial für sein persönliches Leben gibt[6]. Breshnew war eigentlich nicht so sehr ein Mann, der seine Zeit und seine Umgebung geprägt hat, er ließ sich eher von seiner Zeit und seiner Umgebung prägen. Er war Bewahrer und Verwalter der Macht, der oberste Beamte seiner Partei und seines Staates. Vor allem in der Innenpolitik dominierte das konservative Element, während es in der Außenpolitik durchaus Bewegung und im wörtlichen wie im übertragenen Sinn Bodengewinne gab.

In einem *coup de parti* waren Breshnew, Kossygin, Suslow und Podgornyj an die Macht gekommen. Sie hatten Chruschtschow gestürzt, als sie befürchten mußten, daß das große, noch aus der Stalin-Zeit stammende Machtpotential durch die gewagten Transaktionen und Manipulationen ihres cholerischen Parteiführers nicht nur vermindert, sondern möglicherweise nicht einmal mehr in *ihre* Hände gelangen würde. Die Männer der neuen Führungsmannschaft, die in Breshnew und Kossygin ihre Eckpfeiler und Symbolfiguren fanden, hatten allerdings wenig Grund, mit der gesamten Entwicklung seit Stalins Tod unzufrieden zu sein. Schließlich waren sie in dieser Zeit zu höchsten Ämtern und Ehren gekommen. Sie hatten den größten Teil der Reformen, die nach 1953 eingeleitet worden waren, unterstützt und trennten sich eigentlich nur von dem, was ihnen als Auswüchse erschien.

Blicken wir zurück. Die Reformen in den ersten Jahren nach Stalins Tod hatten die Sowjetunion merklich verändert:

— Als erstes war die Einmanndiktatur von einer „kollektiven Führung" abgelöst worden. Die Macht, die Stalin besessen hatte, wurde auf mehrere Schultern verteilt.

---

[6] Vgl. M. Morozow: Leonid Breshnew, Stuttgart 1973; J. Dornberg: Breshnew, München 1973; P.J. Murphy: Brezhnev: Soviet Politician, Jefferson, N.C., 1981. Die offizielle Biographie: Leonid Breshnew. Umriß seines Lebens. München 1978.

— Es fanden wieder, wenn auch nicht in aller Offenheit, Fraktions- und Machtkämpfe statt. Da es keine allesentscheidende Autorität mehr in der Parteiführung gab, konnten wieder Alternativen in der Politik vertreten werden.

— Der Massenterror, vor dem selbst die engsten Mitarbeiter Stalins nie sicher gewesen waren, wurde schrittweise reduziert und die Macht der Geheimpolizei beschnitten.

— Die Partei, die unter Stalin eine deutliche Zurücksetzung erfahren hatte, wurde zum entscheidenden Machtfaktor.

— Die von Chruschtschow forcierte Entstalinisierung, die die Verbrechen an Parteimitgliedern seit 1934 zum mindesten teilweise aufdeckte, setzte die Hoffnung auf einen umfassenden Wandel frei.

Von allen diesen Erscheinungen war für die Sowjetgesellschaft der Abbau des Massenterrors die wichtigste, die Entstalinisierung jedoch die verheißungsvollste.

II. Die kollektive Führung und ihr Steuermann

Solange Stalin gelebt hatte, waren von seiner Privatkanzlei die Direktiven und Impulse ausgegangen[7]. In dieser Schaltzentrale wurde nicht nur die politische Richtung bestimmt, sondern auch über Auf- oder Abstieg der einzelnen Politiker befunden. In den letzten Monaten von Stalins Herrschaft war offensichtlich wieder eine gewaltsame Durchforstung des Parteiapparates geplant, die auch vor den alten Mitstreitern Stalins nicht haltgemacht hätte. Es war verständlich, daß die Nachfolger Stalins ein Interesse daran hatten, dem Zustand der allgemeinen Gefährdung und Unsicherheit ein Ende zu bereiten. Die immense Macht, die Stalin nach seinem Tod hinterließ, wurde so unter die Erbengemeinschaft verteilt, daß niemand ein persönliches Übergewicht erhielt. Mit Berija, der als Innenminister und Chef der Sicherheitspolizei zu einer Gefahr für die kollektive Führung geworden war oder geworden zu sein schien, machte man noch 1953 kurzen Prozeß. Man ließ ihn erschießen[8].

Auf der anderen Seite fanden sich die neuen Männer im Kreml damit ab, daß Chruschtschow mit der Zeit eine immer größere Macht in seinen Händen vereinigte. Wie man annehmen muß, trauten sie ihm keine besonderen Ambitionen zu und fanden außer ihm wohl kaum jemand, der so resolut die heißen Eisen anpackte. Da Chruschtschow bereit war, das Risiko der not-

---

[7] Hierzu die detaillierte Untersuchung von N. E. Rosenfeldt: Knowledge and Power, Cogenhagen 1978.

[8] W. Leonhard: Kreml ohne Stalin, Köln, S. 55 ff.

wendigen Reformen zu tragen, mußte man ihm wohl oder übel auch mehr Macht zugestehen, als es sich mit den Prinzipien einer kollektiven Führung vereinbaren ließ. Unmittelbar nach Stalins Tod hatte Chruschtschow im Präsidium (so hieß das Politbüro offiziell von 1952 bis 1966) den fünften Platz eingenommen[9]. Erst im September 1953 erhielt er den Titel eines „Ersten ZK-Sekretärs". Damit wurde er zum stärksten Mann im Parteiapparat.

Als er 1958 auch Regierungschef wurde, verfügte er formal über dieselbe Ämterkombination wie Stalin. Seine Durchsetzungskraft reichte jedoch bei weitem nicht an die seines Vorgängers heran. Die Mitglieder seiner Führungsmannschaft konnten ihn in vielen Fällen durchaus noch in die Schranken verweisen. Chruschtschow versuchte zwar in seinem Ungestüm, sich aus den Fesseln der kollektiven Führung herauszuwinden, was ihm zwar hin und wieder gelang, aber seine Überrumpelungstaktik und seine personalpolitischen Winkelzüge schufen ihm zum Schluß so viele Feinde, daß er vom Präsidium (Politbüro) wie vom ZK zum Rücktritt gezwungen werden konnte[10]. Die obersten Organe der Partei diktierten dem obersten Repräsentanten der Partei ihren Willen auf.

Das ZK, das Chruschtschow im Oktober 1964 den Gehorsam verweigerte, einigte sich gleichzeitig darauf, die beiden höchsten Ämter in Partei und Regierung keinem einzelnen mehr anzuvertrauen[11]. Nach der doppelten Erfahrung mit Stalin und Chruschtschow mußte eine neue Personalunion geradezu als tödlich für die angestrebte Balance der Macht erscheinen. Dennoch wurde bis heute die Teilung der beiden Spitzenämter nicht in den Statuten der Partei oder in der Verfassung verankert. Überhaupt sind die Statuten wie die Verfassung eher bereit, die Pflichten und Rechte der einfachen Parteimitglieder bzw. der Bürger zu deklarieren als die Grenzen der höchsten Machtorgane festzulegen.

Als man sich 1964 für die Aufteilung von Chruschtschows Patrimonuum entschied, dürfte Einverständnis darüber geherrscht haben, daß Breshnew Parteichef (Erster Sekretär des ZK) und Kossygin Ministerpräsident werden sollte. Nach den manchmal hektischen Reformen der letzten Jahre sollte nun eine Phase der Konsolidierung folgen. Nur wenige Experimente Chruschtschows wurden völlig rückgängig gemacht, wie etwa die Spaltung der Partei in einen Landwirtschafts- und in einen Industrieflügel. Im allgemeinen begnügte man sich mit kleineren Kurskorrekturen. Zugleich muß aber sehr bald in der sowjetischen Bevölkerung spürbar geworden sein, daß die politi-

---

[9] H. Brahm: Das Nachfolgeproblem im sowjetischen Herrschaftssystem, Berichte des BIOst 34/1980, S. 25 ff.

[10] M. Tatu: Macht und Ohnmacht im Kreml, Berlin 1968, S. 402 ff.

[11] P. A. Rodinow: Kollektivnost'-vysšij princip partijnogo rukovodstva, Moskau 1967, S. 219.

sche Führung nicht mehr bereit war, irgendwelche Tendenzen oder Neuerungen zuzulassen, die das Monopol der Partei untergraben könnten.

Wie 1924 und 1953, trat die neue Mannschaft als „kollektive Führung" an. Künftig sollte kein starker Mann mehr das Vorrecht haben, mit neuen Ideen vorzupreschen, sondern jeder Beschluß mußte im Politbüro und in den vorgeschalteten Gremien so sorgsam vorbereitet werden, bis er entweder allen Seiten als annehmbar erschien oder doch eine breite Mehrheit fand. Eine solche Politik der ständigen Kompromisse mußte den Entscheidungsprozeß sehr schwerfällig gestalten und eine gewisse Verschwommenheit mit sich bringen.

Die politische Landnahme durch die Apparate bzw. durch deren oberste Repräsentanten wurde in irgendeiner Weise sanktioniert. Ja, den Mitgliedern der Breshnew—Kossygin-Mannschaft wurde darüber hinaus eigentlich sogar eine unbegrenzte Amtszeit zugestanden. Das ergab sich jedenfalls aus dem seit 1964 immer wieder bekräftigten Grundsatz der „Stabilität der Kader". Wer genügend Fortune besaß und nicht gerade gegen die Spielregeln verstieß, konnte manchmal sogar seinen Sitz im Politbüro bis an sein Lebensende behalten. 1966 wurde ein unter Chruschtschow eingefügter Passus aus den Parteistatuten herausoperiert, der eine regelmäßige Erneuerung des Politbüros und des ZK verlangte[12].

Vor allem in den ersten Jahren nach Chruschtschows Sturz war die Geschlossenheit der kollektiven Führung zum mindesten nach außen unverkennbar. Erst nach 1973 wankten die Reihen des Politbüros. Immer häufiger mußten Mitglieder der Führung ihre Plätze räumen. Aus bestimmten Indizien konnte man schließen, daß bei den personellen Veränderungen Meinungsverschiedenheiten und persönlicher Ehrgeiz auf der einen oder anderen Seite im Spiel waren.

Unübersehbar war, daß Breshnew mit der Zeit seine Macht ausbauen konnte. 1966 wurde er „Generalsekretär". Es ist anzunehmen, daß dies nicht nur ein Ehrentitel war, sondern daß mit dieser Bezeichnung auch eine Rangerhöhung verbunden war. Es ist behauptet worden, daß der „Erste Sekretär" nur der Vorsitzende des ZK-Sekretariats sei, während der Generalsekretär an der Spitze der gesamten Partei stehe[13]. Wenn auch nichts Konkretes über den Machtumfang des neuen Generalsekretärs bekanntgegeben wurde, so zeigte der wachsende Einfluß Breshnews sehr bald, daß er tatsächlich die Schlüsselfigur in Partei und Staat wurde. Breshnew machte immer stärker Vorstöße auf das Feld der Außenpolitik. Er nahm schließlich sogar die Funktionen des Regierungschefs oder Staatspräsidenten wahr, wenn er Abkommen mit den USA oder der Bundesrepublik Deutschland unterzeichnete, an der Schlußsit-

---

[12] Spravočnik partijnogo rabotnika, Vyp. 6, Moskau, 1966, S. 25 ff.
[13] R. Medvedev/Zh. Medvedv: Khrushchev. The Years in Power, New York 1976, 2.

zung von Helsinki teilnahm oder bei Treffen auf höchster Ebene die sowjetische Seite repräsentierte[14].

Trotz der Vereinbarungen von Oktober 1964 scheint es Versuche gegeben zu haben, Breshnew sogar die Verfügungsgewalt über die Regierungsgeschäfte zu geben[15]. Wenn dies auch mißlang, so erreichte es Breshnew 1977 immerhin, den Platz des Staatsoberhauptes zu übernehmen, den Podgornyj sicher nicht aus freien Stücken geräumt hatte. Vom Präsidium des Obersten Sowjet aus konnte Breshnew offensichtlich seinen Einfluß auf den Ministerrat, die Domäne Kossygins, stärker geltend machen als von seinem Amt als Generalsekretär[16]. Es kam ihm sicher gelegen, daß Kossygin 1980 aus Gesundheitsgründen zurücktrat. N. Tichonow, der neue Regierungschef, stand Breshnew persönlich nahe und folgte dessen Wünschen offensichtlich eher als der eigenwillige und widerborstige Kossygin.

Breshnew hat Zug um Zug seinen Kompetenzbereich erweitern können. Zum Schluß war er nicht nur Generalsekretär und Staatsoberhaupt, sondern auch Vorsitzender des Verteidigungsrates, Oberkommandierender der Sowjetischen Streitkräfte und Marschall der Sowjetunion[17]. Der Kult um ihn war in seinen letzten Jahren erheblich weiter gediehen als seinerzeit der Kult um Chruschtschow. Wie es scheint, rückten seine Protégés unaufhaltsam in freiwerdende Positionen. So sehr aber sein Einfluß wuchs, so war er dennoch kein Diktator oder absoluter Herrscher. Er handelte weitgehend im Einvernehmen mit dem Parteiapparat, den Militärs, der Geheimpolizei und der Staatsbürokratie. Sicher versuchte er auch nicht wie sein Vorgänger, der Führungsmannschaft seinen Willen mit allen Mitteln und Tricks aufzunötigen. Er scheint sich meistens der vorherrschenden Meinung angeschlossen zu haben. Er schwamm also nicht gegen den Strom, sondern mit ihm. Innerhalb der kollektiven Führung war er jedoch nicht Gleicher unter Gleichen[18]. Seine Macht ging über die eines einfachen Politbüromitgliedes hinaus. Zum einen hatte er als Generalsekretär den Parteiapparat hinter sich. Darüber hinaus erlaubte ihm seine Position, Diskussionen in eine bestimmte Richtung zu lenken, und ebenso konnte er bei der Vermittlung gegensätzlicher Positionen seinen Einfluß auf vorsichtige Art geltend machen. Nicht zuletzt aber erleichterte ihm die große Zahl seiner Anhänger, die an den Schaltstellen standen, eine Entscheidungsfindung in seinem Sinne.

---

[14] Hierzu B. Meissner in B. Meissner/G. Brunner (Hrsg.): Gruppeninteressen und Entscheidungsprozeß in der Sowjetunion, Köln 1975, S. 46.
[15] B. Meissner, S. 44.
[16] Sowjetunion 1978/79, München 1979, S. 18.
[17] Ebenda, S. 17.
[18] J. Hough/M. Fainsod: How the Soviet Union is Governed, S. 478.

Selbst als Breshnew schon schwerkrank war, konnte er dank seiner Autorität oder infolge der Servilität seiner Kollegen offensichtlich viele jener Maßnahmen verhindern, die die Anhänger Ju. Andropows wünschten.

III. Fehden im Politbüro

Zwischen 1953 und 1964 hat es im Politbüro (Präsidium des ZK) Machtund Richtungskämpfe gegeben, die sich in groben Umrissen durchaus rekonstruieren lassen[19]. Die Auseinandersetzungen wurden jedoch nicht auf offenem Markt ausgetragen. Die Gruppe, die den Sieg davontrug, teilte nachträglich nur das mit, was ihr opportun erschien. Die Unterlegenen erhielten keine Chance, ihren Standpunkt vor der Bevölkerung darzulegen. Berija wurde von seinen Widersachern nach seiner Inhaftierung vorgeworfen, daß er die Regierung und die Partei seinem Innenministerium unterstellen wollte. Malenkow mußte, als er als Regierungschef zurücktrat, in einem Brief sein Versagen in der Verwaltung, in der Landwirtschafts- und Industriepolitik eingestehen.

1957 sah sich Chruschtschow im Politbüro unversehens in die Minderheit versetzt. Seiner drohenden Entmachtung kam das ZK zuvor, das in letzter Instanz darüber befand, ob jemand seinen Platz in den obersten Parteigremien gewann, behielt oder verlor.

Seit dem Sturz Chruschtschows rückte die neue Führung völlig davon ab, irgendetwas über Fehden im Politbüro bekanntzugeben. Der Bevölkerung sollte das Bild einer einträchtig zusammenarbeitenden Mannschaft vermittelt werden. Schon die wirklichen Gründe, die zum Rücktritt Chruschtschows geführt hatten, wurden nicht mehr direkt und ungeschminkt genannt. Daß es von 1964 bis heute keine ernsthaften Zusammenstöße im Politbüro gegeben haben sollte, ist kaum anzunehmen. Man darf vermuten, daß Woronow, Schelest, Scheljepin, Poljanskij, Podgornyj und Mazurow das Politbüro verlassen mußten, weil sie in einen unversöhnlichen Gegensatz zur Mehrheit der Parteiführung geraten waren. Was kremlologischer Scharfsinn aus Indizien oder Indiskretionen über die möglichen Hintergründe der Personalveränderungen in der Parteispitze zutage förderte, ist im Grunde sehr wenig, wenn es sicher auch hilfreich für die Erklärung mancher sonst völlig unverständlicher Ereignisse ist. Von Schelest wird angenommen, daß er ein Gegner der Entspannung war und dem ukrainischen Nationalismus nicht entschieden genug entgegengetreten ist[20]. Scheljepin wiederum soll in dieser oder jener Form Anspruch auf den Stuhl des Parteichefs erhoben haben[21].

---
[19] Zu diesen Auseinandersetzungen W. Leonhard: Kreml ohne Stalin. B. Meissner: Rußland unter Chruschtschow, München 1960. M. Tatu: Macht und Ohnmacht im Kreml.
[20] Sowjetunion 1973, München 1974, S. 30.

Spätestens seit 1982 muß es in der Parteiführung ein erbittertes Ringen um den einzuschlagenden Weg gegeben haben. Zu dieser Zeit war es offenkundig, daß die Tage Breshnews gezählt waren. Die beiden Kronprätendenten, Ju. Andropow und K. Tschernenko, standen, wie man annehmen darf, für verschiedene Programme. Andropow dürfte sich schon seit langem mit dezidierten Vorschlägen hervorgewagt haben, die Korruption massiver zu bekämpfen, den Verfall der Wirtschaft aufzuhalten und schließlich in der Innen- und Außenpolitik das Gesetz des Handelns zurückzugewinnen. Dieses Programm muß Breshnew so riskant erschienen sein, daß er allen Widerständen zum Trotz Tschernenko als seinen Nachfolger favorisierte. Tschernenko, der in der Personalpolitik immer wieder seinen „Respekt vor den Kadern" bekundet hatte, scheint dafür eingetreten zu sein, die alte Mannschaft nach Möglichkeit unangetastet zu lassen. Man kann auch annehmen, daß er behutsamer gegen Korruption und Schlendrian vorzugehen gedacht[22].

Auf dem ZK-Plenum im Mai 1982 erlitt Breshnew wahrscheinlich eine schwere Schlappe, als Andropow zum ZK-Sekretär bestellt wurde. Viele sowjetische Funktionäre sahen von jetzt ab in Andropow den kommenden starken Mann. Breshnew gab die Hoffnung jedoch nicht auf, Andropows Aufstieg zu stoppen. Hinter den Kulissen scheinen noch Anstrengungen gemacht worden zu sein, die Position Tschernenkos zu stärken. Der Tod Breshnews am 10. November 1982 beendete jedoch die Auseinandersetzungen um die Nachfolge. Andropow wurde Generalsekretär.

IV. Abbau des Terrors

Die politische Landschaft des poststalinistischen Rußland ist durch nichts stärker verändert worden als durch die Beendigung des Massenterrors, die Freilassung von Häftlingen und die Rehabilitierung von Stalin-Opfern. Unter Stalin war die Sicherheitspolizei so stark und bedrohlich geworden, daß kaum jemand vor ihr sicher sein konnte. Als man Berija hinrichtete, wollte man nicht nur einen potentiellen Usurpator ausschalten, sondern zugleich das weitverzweigte politische und wirtschaftliche Imperium auflösen, das das Ministerium für Innere Angelegenheiten (MWD) darstellte[23]. Zunächst wurde der KGB (der Staatssicherheitsdienst) aus dem Ministerium ausgegliedert. Um auch diese beiden Teilorganisationen nicht zu einer Gefahr für die „kollektive Führung" werden zu lassen, berief man an die

---

[21] M. Voslensky: Nomenklatura, Wien 1980, S. 376 f.

[22] Hierzu H. Brahm: Leitmotive in K. Tschernenkos Schriften, Berichte des BIOst 41/1982.

[23] M. Fainsod: Wie Rußland regiert wird, S. 497 ff. J. Hough hat in seiner Neufassung dieses Standardwerkes das Terrorsystem viel zu stiefmütterlich behandelt.

Spitze des MWD wie des KGB Männer, die vergleichsweise unbedeutend waren. Des weiteren wurde der Sicherheitspolizei die wirtschaftliche Basis entzogen. Die Verantwortung für das Straßenwesen, für Kanalbauten und Wasserwerke übertrug man anderen Ressorts. Das Justizministerium erhielt die Oberaufsicht über die Lager. Nicht zuletzt verlor der KGB das Recht, Häftlinge in eigener Regie zu verurteilen.

Außer Berija wurde eine Reihe höherer Geheimpolizei-Funktionäre zum Tode verurteilt. Es konnte nicht ausbleiben, daß als Folge aller dieser Eingriffe der KGB stark verunsichert wurde, zumal immer mehr Häftlinge ihre Freiheit erlangten. 1953 sollen es 4 000 Menschen gewesen sein, die die Lager verlassen konnten, in den beiden folgenden Jahren 12 000 und 1956/57 dem Vernehmen nach sieben bis acht Millionen[24].

Der Terror wurde zwar so weit eingeschränkt, daß kaum jemand um seine Existenz oder Karriere fürchten mußte, der die Machtverhältnisse akzeptierte, er blieb aber als *ultima ratio* stets in Reserve. Mit dem Aufkommen der Regimekritiker und Nonkonformisten nach Chruschtschows Sturz trat der KGB nach Meinung vieler westlicher Beobachter wieder so stark in Erscheinung, daß sie glaubten, bereits von einem Neostalinismus sprechen zu können. Das Jahr 1964 ist jedoch keine scharfe Zäsur, wenn es auch eine neue Periode ankündigte. Schon vorher hatte die Parteiführung aus Sorge über die unerwünschten Freiheiten, die sich vor allem die Intellektuellen herausnahmen, die Zügel wieder angezogen. Bukowskij, Galanskow, Ginzburg und Grigorenko waren schon unter Chruschtschow zu Lagerstrafen verurteilt bzw. in psychiatrische Anstalten eingewiesen gewesen.

Nach 1964 wurde der Druck auf die nonkonformistische Intelligenz, die für die Erhaltung und Ausweitung künstlerischer und politischer Freiheiten zu kämpfen begann, allmählich stärker. Allerdings kehrte man nicht zum Massenterror zurück. Diejenigen, die sich zu sehr von den Normen des Wohlverhaltens entfernten, wurden zunächst ermahnt oder zu einer Belehrung in die Behörden eingeladen. Dann drohte man den widerspenstigen Nonkonformisten mit dem Entzug gewisser Leistungen, belästigte sie mit Telefonanrufen und anonymen Schmähbriefen. Wenn alles nichts fruchtete, konnte ein Regimekritiker oder eine aus irgendeinem Grund in Mißkredit geratene Person seinen Arbeitsplatz verlieren, von einem Gericht zu Lagerhaft verurteilt, von Spezialärzten in eine psychiatrische Anstalt gesteckt, ins Ausland abgeschoben oder ins Landesinnere verbannt werden.

Es war eine klare Trennungslinie zwischen der Masse der loyalen Staatsbürger und jenen Nonkonformisten gezogen, die aktiv für das Recht auf Ausreise kämpften, die eine größere Freiheit für ihre Religion verlangten oder aber die Verletzung der Menschenrechte anprangerten. Wer sich anpaßte und

---

[24] R. Medvedev/Zh. Medvedev: Khrushchev, S. 19 f.

das Regime nicht öffentlich in Frage stellte, konnte sich im Vergleich zur Stalin-Ära einer gewissen Sicherheit erfreuen. Die Unbequemen dagegen, die sich nicht einordneten, unterlagen Willkürmaßnahmen. Die sowjetischen Behörden legten jedoch Wert darauf, daß selbst die Dissidenten und Nonkonformisten, die vor Gericht gestellt wurden, ein Verfahren erhielten, das wenigstens formal den Anschein der Rechtmäßigkeit erwecken sollte. Die Angeklagten hatten einen Verteidiger zur Seite, und sie konnten ihre Sache vortragen, ohne so massiv wie zu Stalins Zeiten eingeschüchtert zu werden. Allerdings ist kein Fall bekannt, daß jemand, der aus religiösen oder politischen Gründen angeklagt wurde, freigesprochen worden wäre[25]. Selbst wenn während der Gerichtsverhandlungen klar erkennbar wurde, daß das Beweismaterial stümperhaft fabriziert worden war — wie etwa im Falle des jüdischen Arztes Stern —, war dies für ein Gericht offensichtlich noch längst kein Grund, ein Verfahren einzustellen[26].

Der Terror, der in der Breshnew-Ära angewandt wurde, war selektiv. Er erreichte bei weitem nicht die Dimensionen der Stalinzeit. Anfang der siebziger Jahre schätzte man die Zahl der politischen Häftlinge in den Lagern auf etwa 10 000[27]. Während der Zeit von Juni 1975 bis Mai 1979 wurden im Westen mehr als 400 Fälle bekannt, in denen Personen wegen politischer und religiöser Vergehen verurteilt, verbannt oder in psychiatrische Anstalten interniert wurden[28]. Angesichts einer Bevölkerung von 260 Millionen Menschen muten diese Angaben erstaunlich gering an.

Der Apparat der Geheimpolizei ist in den letzten Jahren offensichtlich erstarkt. Andropow, der KGB-Chef, erhielt 1973 zusammen mit dem Verteidigungs- und Außenminister einen Sitz im Politbüro. Darin zeigt sich, wie sehr die Rolle des Staatssicherheitsdienstes inzwischen wieder in den Augen der Parteiführung an Bedeutung gewonnen hat. Mit der Berufung Andropows zum Generalsekretär ist der KGB zu einer Art Prätorianergarde geworden. Gestützt auf die Informationen des KGB, scheint der neue Parteichef energischer das Land regieren zu wollen. Für Dissidenten dürfte es in Zukunft keinen Platz mehr in der Sowjetunion geben.

V. Wiederbelebung der Partei

Die KPdSU hatte unter Stalins Herrschaft ihre Autonomie verloren. Sie war nicht nur von Stalins Privatkanzlei dirigiert worden, sondern hatte

---

[25] amnesty international (Hrsg.): Politische Gefangene in der UdSSR, Frankfurt a. M. 1980, S. 116.
[26] Ein ganz „gewöhnlicher" Prozeß, Dr. Michail Stern vor seinen sowjetischen Richtern, Berlin 1977.
[27] Sowjetunion 1973, S. 25.
[28] amnesty international (Hrsg.): Politische Gefangene in der UdSSR, S. 7.

darüber hinaus unter der ständigen Drohung der Geheimpolizei gestanden. Der Chef der Sicherheitspolizei in einem Rayon oder Oblast hatte zum Schluß mehr Macht als die Parteisekretäre auf der gleichen Ebene. Der MGB (das Ministerium für Staatssicherheitsdienst) konnte sich sogar in den Abteilungen des ZK einnisten. Seine Vertreter hatten das Recht, die Schreibtische, Akten und Safes der ZK-Mitglieder zu inspizieren. Die Partei genoß nach dem Tod Stalins ein derart geringes Ansehen, daß Chruschtschow, der Erste Sekretär des ZK, im Präsidium (Politbüro) nur den fünften Platz einnahm.

Chruschtschow ist es jedoch, nachdem der Staatssicherheitsdienst zurückgedrängt war, in kurzer Zeit gelungen, die KPdSU zu reaktivieren und zur dominanten Macht zu machen. Das Präsidium (Politbüro) und das ZK-Sekretariat dürften im Laufe der fünfziger Jahre die Macht zurückerlangt haben, die sie unmittelbar nach Lenins Tod einmal besessen hatten. Ebenso erwachte das ZK zu neuem Leben: War es von 1941 bis 1951 nur noch zweimal einberufen worden, so fanden von Dezember 1956 bis Dezember 1958 elf Plenen statt. Chruschtschow schuf sich mit seinen ständigen Reorganisationen der Partei, die vielen Funktionären den Arbeitsplatz kostete, allerdings sehr bald mehr Feinde als Freunde. Die engste Umgebung Chruschtschows muß es als einen ausgesprochen unfreundlichen Akt empfunden haben, daß in der Neufassung der Parteistatuten von 1961 der Austausch von ZK- und Präsidiumsmitgliedern nach einem Turnus von höchstens 12 Jahren vorgesehen war[29].

Charakteristisch für die Ära Breshnews war eine gewisse Regelmäßigkeit, mit der Sitzungen des Politbüros, des ZK und der Parteikongresse abgehalten werden. Nach 1964 wurden viele der organisatorischen Neuerungen, die Chruschtschow in seiner letzten Zeit durchgesetzt hatte, rückgängig gemacht. Die neue Mannschaft wollte von einem systematischen Wechsel in der Parteispitze nichts mehr wissen. 1966 wurde, wie bereits erwähnt, der entsprechende Passus aus den Statuten gestrichen. Die Erneuerung und damit die Verjüngung des Leitungspersonals trat damit eindeutig hinter einer Politik zurück, die darauf hinauslief, die alten Machtträger so lange wie möglich in ihren Ämtern zu belassen. 1981 waren die Vollmitglieder des 14köpfigen Politbüros im Durchschnitt etwa 70 Jahre, die Vollmitglieder des 319 Personen umfassenden ZK 62 Jahre alt[30].

Die Scheu vor Personalveränderungen in den höchsten Parteigremien fand auf dem XXVI. Parteikongreß (1981) ihren Höhepunkt, als es zum ersten Mal in der Geschichte der KPdSU im Politbüro und im ZK-Sekretariat nicht den geringsten Wechsel gab. Angesichts eines solchen Stillstandes dürfte Andropow, als er Parteichef geworden war, von bestimmten Kräften gera-

---
[29] G. Brunner: Das Parteistatut der KPdSU 1903-1961, Köln 1965, S. 190.
[30] Sowjetunion 1980/81, München 1981, S. 34.

Die sowjetische Innenpolitik zwischen Stillstand und Bewegung 19

dezu ermuntert worden sein, die Führungsmannschaft zu erneuern, zum mindesten aber umzugruppieren.

VI. Entstalinisierung

Es war sicher nur zu einem geringen Teil das Verlangen nach historischer Wahrheit, das Chruschtschow bewogen hatte, am Ende des XX. Parteikongresses (1956) auf einer eilig einberufenen, geschlossenen Nachtsitzung ein neues, in dunklen Farben gehaltenes Bild von Stalin zu entwerfen, das in krassem Gegensatz zu den früheren ikonographischen Darstellungen stand[31]. Was Chruschtschow zu den blutigen „Säuberungen" der dreißiger Jahre und den „Affairen" der Nachkriegszeit zu berichten wußte, dürfte sicher für die mehr oder weniger unvorbereiteten Zuhörer ein Schock gewesen sein, aber es war bei weitem nicht die volle Wahrheit. Zwar wurde die Periode zwischen 1934 und 1953 kritisch durchleuchtet, aber die Kollektivierung oder die Auseinandersetzungen mit den oppositionellen Gruppen der zwanziger Jahre blieb im wesentlichen von der Neubewertung ausgenommen. Chruschtschow verschwieg sogar das Ausmaß von Stalins Terror während der Großen Säuerung, und er lenkte geflissentlich von der Frage ab, ob und inwieweit die Partei an den Verbrechen mitschuldig geworden war.

Was aber auch immer die Motive von Chruschtschow gewesen sein mögen, seine Anklagerede gegen den toten Stalin löste in der Sowjetunion, im sozialistischen Lager und im Weltkommunismus eine Kettenreaktion aus. Zwar verhinderte die damalige kollektive Führung die Auslieferung der gedruckten Fassung dieses Referats[32], aber sie gestattete immerhin, daß ausgewählte Kreise mit dessen Inhalt vertraut gemacht wurden. Einzelheiten sickerten rasch durch, und von interessierter Seite wurde die Rede den USA zugespielt. Auf dem Parteikongreß von 1961 wurden schließlich die Auswüchse des Stalinismus öffentlich attackiert.

Chruschtschow hatte in seiner Anti-Stalin-Rede mitgeteilt, daß 7 679 Personen rehabilitiert worden seien, eine Reihe davon jedoch nur posthum[33]. Fünf Jahre später ließ man die Bevölkerung wissen, daß 15 000 Menschen wieder in die Partei aufgenommen worden seien[34]. Roj Medwedjew schätzt die Zahl derer, die posthum rehabilitiert worden seien, sogar auf fünf bis sechs Millionen[35], was ja wohl nur bedeuten kann, daß die seinerzeit erhobenen Vorwürfe gegen den überwiegenden Teil der Stalin-Opfer stillschweigend

---
[31] Die Rede in: Chruschtschow erinnert sich, Reinbek 1971, S. 529 ff.
[32] R. Medvedev/Zh. Medvedev: Krushchev, S. 70.
[33] Chruschtschow erinnert sich, S. 553.
[34] XXII s-ezd KPSS, Bd. II, Moskau 1961, S. 218 ff.
[35] R. Medvedev/Zh. Medvedev: Khrushchev, S. 20.

als ungerechtfertigt angesehen wurden. Es ist jedenfalls nicht vorstellbar, daß in allen diesen Fällen ein neues Gerichtsverfahren eingeleitet worden wäre. Verfehmt, aber nicht mehr dämonisiert blieben dagegen die meisten Prominenten, die unter Stalin liquidiert worden sind[36]. Aus dieser Gruppe der Hochrangigen wurden lediglich die Kommandeure der Roten Armee wie beispielsweise Tuchatschewkij und Jakir und eine Handvoll von Funktionären (Antonow-Owsejenko, Postyschew) formal rehabilitiert. Offensichtlich hatte man die kritische Grenze erreicht, als man Krestinskij und Ikramow rehabilitierte, die beide im Schauprozeß gegen Bucharin (1983) verurteilt worden waren.

Die Rehabilitierung von hohen Parteifunktionären, die noch vor dem Sturz Chruschtschows gestoppt worden war, wurde auch in der Ägide Breshnews nicht wieder aufgenommen. Nach 1964 zeigte die sowjetische Führung eigentlich überhaupt keine Neigung mehr, in der stalinistischen Vergangenheit herumzurühren und immer neue Schichten des Bodensatzes aufzuwirbeln. Die Entstalinisierung wurde allerdings nicht rückgängig gemacht, aber man verzichtete auf alles, was Emotionen wecken konnte. Wenn man jetzt auf die Massenrepressionen einging, geschah dies in knappen Wendungen, die den Anschein der Sachlichkeit vermitteln sollten. Man schrieb über die Geschehnisse von 1934 bis 1953 so, als ob sie schon so weit der Gegenwart entrückt wären, daß sie keiner detaillierten Darstellung mehr bedürften.

Seit 1964 tauchte der Name Stalins, der nach der Bilderstürmerei Chruschtschows tabuisiert worden war, wieder in der Memoirenliteratur und in historischen Werken auf. Daraus läßt sich jedoch nicht ohne weiteres auf eine Re-Stalinisierung schließen[37]. Da Stalin ungefähr ein Vierteljahrhundert die Partei geführt hat, war es nur ein Akt historischer Gerechtigkeit, wenn man seinen Namen nicht mehr unterschlug. Es mag auch Kräfte gegeben haben, denen die „Rehabilitation" Stalins als Persönlichkeit der Geschichte nicht ausreichend erschien. Aber selbst Scheljepin oder Trapesnikow, die man zu Recht oder zu Unrecht als Neostalinisten bezeichnet hat, dürften kaum die Absicht gehabt haben, den Stalinismus mit allen seinen terroristischen Exzessen wiederzubeleben. Es ist allerdings damit zu rechnen, daß man in Zukunft häufiger in sowjetischen Presseerzeugnissen auf den Namen Stalins stoßen wird, ohne daß die Greuel seiner Herrschaft erwähnt würden.

Wenn auch gegenwärtig für alle Parteihistoriker, die über die kritischen Jahre von 1934 bis 1953 schreiben, eine Art Fraktionszwang besteht, der ein Abweichen von einer bestimmten Linie nicht erlaubt, so zeigen sich bei

---

[36] Zum Problem der Rehabilitierung L. Labedz: Resurrection and Perdition in: Problems of Cummunism 1963, Nr. 2, S. 48-59; H. Brahm: Liquidieren und Rehabilitieren, Chruschtschows ungelöstes Problem, in: Die politische Meinung, 1964, Nr. 97, S. 23-34.

[37] H. Hecker: 3 x Stalin, in: Osteuropa 1/1978, S. 50-55.

anderen Historikern der jüngeren Geschichte, die nicht gerade bestimmte neuralgische Zonen berühren, Ansätze zu einem unabhängigen Denken. Von der aufgeklärten Intelligenz werden die Mythen der Parteigeschichte ohnehin nicht mehr geglaubt. Inzwischen haben sogar zwei Russen, beide Dissidenten, Bücher vorgelegt, die auf beeindruckende Weise die stalinistische Vergangenheit aufrollen. Roj Medwedjew, der marxistisch-leninistische Historiker, schrieb eine umfassende Studie über den Stalinismus[38], und Solshenizyn setzte den Häftlingen des Gulag mit einem dreibändigen Werk ein Denkmal[39].

VII. Die Schwerkraft des Konservatismus

Viele Reformen Chruschtschows waren Breshnew fremd und wahrscheinlich sogar degoutant. Man versuchte nach 1964 zwar noch die eine oder andere Reform, gab sie aber schnell wieder auf, wenn man auf Schwierigkeiten stieß. Die Männer um Breshnew zogen es vor, am Bewährten oder doch am Althergebrachten festzuhalten. Sie glichen vorsichtigen Geldanlegern, die nicht bereit sind, ungewisser Gewinne wegen irgendein Risiko einzugehen, und die sich statt dessen mit bescheidensten Renditen, notfalls sogar mit Verlusten abfinden, wenn nur die Sicherheit ihres Kapitals gewährleistet wird oder gewährleistet zu sein scheint.

Die Masse der sowjetischen Bevölkerung war offensichtlich über diese Politik des Bewahrens und der vorsichtigen Zurückhaltung nicht sonderlich unglücklich, denn sie selbst schien angepaßt, konformistisch und im wesentlichen konservativ zu sein[40]. Die weitverbreitete Ansicht im Westen, wonach die Bürger der UdSSR einzig und allein vom Unterdrückungsapparat des KGB daran gehindert werden, die Kommunisten davonzujagen, ist kaum aufrechtzuerhalten. Ohne die aktive Unterstützung der kommunistischen Herrschaft durch einen großen Teil der Bevölkerung ist die Sowjetunion von heute nicht vorstellbar. Allen Unzulänglichkeiten zum Trotz steht mit einiger Wahrscheinlichkeit eine Mehrheit hinter der KPdSU. Die Errungenschaften ihres Landes erfüllen die Sowjetbürger im allgemeinen mit Stolz. Ob dies nun berechtigt ist oder nicht, für sie stellt es sich so dar, daß der Aufstieg Rußlands aus tiefster Armut und nationaler Erniedrigung zu Wohlstand und Größe nur der Führung der KPdSU zu verdanken ist. Immerhin hat die Sowjetunion während der jüngsten Vergangenheit eine machtpolitische Position erreicht, die nur noch von den

---

[38] R. Medvedev: K sudu istorii, New York 1974. Eine deutsche Fassung erschien unter dem Titel: Die Wahrheit ist unsere Stärke, Frankfurt a. M.
[39] A. Solschenizyn: Der Archipel Gulag, Bd. 1-3, Reinbek 1978.
[40] Hierzu mein Artikel: Die Sowjetunion — eine konservative Gesellschaft?, in: Osteuropa 7/1982, S. 531-544.

USA angefochten werden kann. Sie hat Deutschland, Frankreich und England hinter sich gelassen. Ihr Territorium ist heute größer als das des zaristischen Rußland. Mehr noch: Zum ersten Mal gebietet Moskau über ein Imperium von Staaten. Kommunistische Parteien gibt es fast in allen Ländern der Welt.

In den Augen des sowjetischen Durchschnittsbürgers befindet sich die UdSSR auch weiterhin auf der Straße des Siegers. Die Propaganda sorgt dafür, daß Rückschläge und Niederlagen schnell vergessen werden. Nach allem, was sich erkennen läßt, ist die Bevölkerung offensichtlich auch bereit, neue Opfer zu bringen, wenn es um die Interessen ihres Landes geht. Seit Jahrzehnten hat sie sich an die Unterordnung gewöhnt. Ein Aufbegehren gehen die Obrigkeit scheint der großen Mehrheit entweder als sinnlos oder sogar als widernatürlich. Als Chruschtschow abgesetzt und das Rad der Reformen allmählich zurückgedreht wurde, blieb die große Masse der Bevölkerung stumm.

Die Dissidenten, die als einzige aufstanden, um für die Weiterführung der Erneuerungspolitik zu kämpfen[41], waren Außenseiter in der sowjetischen Gesellschaft. Es dürften kaum mehr als 10 000 Männer und Frauen gewesen sein, die sich offen für die strikte Einhaltung der Menschenrechte engagierten. Stärker waren und sind zwar die nonkonformistischen Gruppen in einigen Nationalitäten und religiösen Gemeinschaften, aber sie zogen und ziehen kaum mit den Dissidenten an einem Strang.

Das Potential kritischen und unabhängigen Denkens war viel zu schwach, um auf die politische Führung Druck ausüben zu können, zumal sich die Dissidenten nicht einmal untereinander einig werden konnten. Der KGB tat ein übriges, um die Sympathisanten der „Andersdenkenden" rechtzeitig auf die Folgen eines offenen Übergangs ins Lager der Kritiker aufmerksam zu machen.

Sinjawskij, ein Dissident der ersten Stunde, der heute in Frankreich lebt, urteilte im Rückblick: „Im Grunde hat sich die Dissidentenbewegung in Rußland seit den sechziger Jahren nicht verstärkt. Ja, und sie hat überhaupt nicht auf die Arbeiter, auch nicht auf die Wissenschaftler übergegriffen, was einmal unsere Hoffnung war. Sie ist im Bereich von Künstlern geblieben, und da war in Rußland immer ein Stück Anarchismus dabei[42]." Daß die sowjetische Bevölkerung von sich aus die Bevormundung durch die Partei abschütteln werde, bestreitet Sinjawskij: „Als gesellschaftlicher Mensch bleibt der Russe freilich für alle Zeit Sklave". Nicht anders sieht A. Sinowjew, der wie Sinjawskij inzwischen im Westen lebt, die Lage: „Zwar ist die kommunistische Gesellschaft auch eine Gesellschaft von

---

[41] Zur Rolle der Dissidenten P. Hübner in: Sowjetunion 1978/79, S. 105-117.
[42] Vgl. das Interview v. H. Bienek mit A. Sinjawskij in: Die Zeit, 6. 2. 1981.

Menschen, die mit ihren Lebensbedingungen unzufrieden sind, aber die überwältigende Mehrheit ihrer Mitglieder ist ungeeignet, unter anderen Bedingungen zu leben, und empfindet ihre Lebensbedingungen als natürliches Lebensmilieu[43]."

VIII. Widersprüchliche Tendenzen

Im Vergleich zur Periode des Stalinismus hat sich die Sowjetunion unter Malenkow und Chruschtschow stark gewandelt. Es macht dagegen größere Mühe, den Weg und die Richtung zu bestimmen, den die UdSSR seit 1964 eingeschlagen hat. Die oft geringfügigen Kurskorrekturen, das Nebeneinander von anscheinend Fortschrittlichem und anscheinend Rückschrittlichem sowie die zeitliche Nähe zu den Ereignissen der Breshnew-Jahre lassen kein eindeutiges Urteil zu.

Auf einigen Feldern wurde ein Vergleich der Sowjetunion, wie sie sich heute darstellt, mit der Zeit Chruschtschows versucht. Offensichtlich hat sich Breshnew besser in die kollektive Führung eingeordnet als sein Vorgänger. Der Pluralismus auf höchster Ebene, der gegenüber der Einmanndiktatur ein Fortschritt ist, hat sich dennoch nicht generell positiv bemerkbar gemacht. Er hat beispielsweise nicht, wie die Interventionen in der ČSSR und in Afghanistan zeigen, zu einer friedlichen Außenpolitik geführt.

Schwieriger als in den Jahren Chruschtschows war es in der Ära Breshnews, etwas über die Konstellation der Kräfte im Politbüro zu sagen. Die sowjetische Seite war peinlich darauf bedacht, so wenig wie möglich über Meinungsverschiedenheiten im Kreml publik werden zu lassen. Hinter den Mauern des Schweigens muß es jedoch ein zähes Ringen um Einzelfragen, wahrscheinlich aber auch um den Kurs der Partei gegeben haben. Angesichts des Immobilismus ihrer Führung machten sich 1982 hohe sowjetische Funktionäre selbst gegenüber Vertretern des Westens hin und wieder Luft. Die Anhänger Andropows traten vorsichtig aus der Deckung heraus. Unter vier Augen wurde an der Amtsführung des kränkelnden Breshnew Kritik geübt. Andropow, der 15 Jahre an der Spitze des KGB gestanden hatte, galt, wie man annehmen darf, innerhalb des engsten Kreises der Macht, als der Mann, dem man am ehesten zutraute, das sowjetische Staatsschiff wieder flott zu machen.

Breshnew, dem nicht nur Kommunisten, sondern auch einige westliche Beobachter zu Lebzeiten bereits Kränze geflochten hatten, erscheint heute — drei Monate nach seinem Tod — schon in einem anderen Licht. Heute könnte Andropow für sich in Anspruch nehmen, energischer für die

---

[43] A. Sinowjew: Ohne Illusionen, Zürich 1979, S. 86.

Reduzierung des eurostrategischen Waffenpotentials einzutreten als Breshnew. In der Innenpolitik ist Andropow während der ersten hundert Tage seiner Herrschaft drastischer gegen Korruption und mangelnde Disziplin vorgegangen, wobei allerdings unklar ist, ob sein Rigorismus das Land aus seinen wirtschaftlichen Schwierigkeiten herausführen kann. Wenig Respekt zeigte Andropow auch vor der von Breshnew übernommenen Führungsmannschaft. Minister, Staatskomiteevorsitzende und Parteifunktionäre wurden versetzt oder in Pension geschickt. Für die Dissidenten ist die Zeit unter dem neuen Herrn im Kreml eher härter geworden.

Es wird ganz wesentlich von der Politik Andropows abhängen, wie man die Ära Breshnew in Zukunft werten wird. Sollten viele Anhänger Breshnews in die Wüste geschickt werden, und sollte es unter dem neuen Generalsekretär eine Wendung zum Besseren geben, so würde der frühere Glanz Breshnews rasch verblassen. Noch ist es jedoch zu früh. in Andropow den Retter in höchster Not zu sehen. Möglicherweise wird man aber auch den Breshnew-Jahren, so unbefriedigend sie waren, einmal nachtrauern.

DIE INNENPOLITIK DER SOWJETUNION VOR UND NACH DEM XXVI. PARTEITAG DER KPdSU

Von Georg Brunner

Die größte Sensation des XXVI. Parteitags der KPdSU, der in der Zeit vom 23. Februar bis 3. März 1981 im Kongreßpalast des Kreml rund 5000 Delegierte und 123 Parteidelegationen aus 109 Ländern gelangweilt hat, bestand darin, daß nichts geschehen ist. Die Charakterisierung des Parteitags als „non-event" trifft für seine innenpolitische Thematik in noch stärkerem Maße zu als für die Außenpolitik. Freilich bedeutet dies nicht, daß die Sowjetunion keine innenpolitischen Probleme hätte, die einer Diskussion wert gewesen wären. Sie gehören zu den wenigen Dingen, an denen in der Sowjetunion kein Mangel besteht. Doch scheinen die alten Herren in der politischen Führung keine überzeugende Lösung für sie gefunden und deshalb gemeint zu haben, es sei das beste, sie gar nicht erst zu nennen oder höchstens verharmlosend herunterzuspielen. Derjenige, der sich für die zweite Möglichkeit zu entscheiden wagte, war allein Partei- und Staatschef Brežnev, der in seinem im Namen des Zentralkomitees vorgetragenen Rechenschaftsbericht wenigstens einige Probleme angedeutet hat[1]. Die Konkretisierung einiger wirtschaftspolitischer Probleme überließ er seinem Regierungschef Tichonov, der das Referat über die „Grundrichtungen der wirtschaftlichen und sozialen Entwicklung der UdSSR für die Jahre 1981-1985 und für den Zeitraum bis 1990" gehalten hat[2]. Die „Diskussion" der beiden Referate war denkbar unergiebig.

An dieser Stelle soll eine Bestandsaufnahme der gegenwärtigen Hauptprobleme der sowjetischen Innenpolitik vorgenommen und gezeigt werden, welche Abhilfen die politische Führung überhaupt erwägt[3]. Im einzelnen erstreckt sich die Bestandsaufnahme auf folgende Problembereiche:

---
[1] Pravda vom 24. 2. 1981; deutsch in: Presse der Sowjetunion, Nr. 5/1981, S. 5 ff.

[2] Pravda vom 28. 2. 1981; deutsch in: Presse der Sowjetunion, Nr. 6/1981, S. 114 ff. Die vom Parteitag bestätigten „Grundrichtungen" sind in der Pravda vom 5. 3. 1981 veröffentlicht worden; deutsch in: Presse der Sowjetunion, Nr. 8/1981, S. 273 ff. Auf ihrer Grundlage wurde dann der endgültige Text des 11. Fünfjahrplans erarbeitet und am 19.11.1981 vom Obersten Sowjet der UdSSR als Gesetz verabschiedet (VVS SSSR 1981, Nr. 47, Art. 1233).

[3] Insofern knüpfen die Darlegungen an eine frühere Untersuchung an, die ich vor fünf Jahren aus gleichem Anlaß durchgeführt habe: G. Brunner: Aktuelle Probleme der sowjetischen Innenpolitik am Vorabend des XXV. Parteitages, Osteuropa 1976, S. 79 ff. Zur

1. Sozialpolitik, 2. politische Sozialisation, 3. oppositionelle Strömungen, 4. Nationalitätenpolitik, 5. Rechtspolitik, 6. politische Führungsprobleme. Die Wirtschaftspolitik als solche, die das innenpolitische Standardproblem Nummer eins ist, bleibt ausgeklammert, da sie den Rahmen sprengen würde und an anderer Stelle behandelt wird.

I. Sozialpolitik

Die latente Unzufriedenheit der Bevölkerung mit dem niedrigen Lebensstandard und der sozialen Ungerechtigkeit gehört zu den ewig akuten Problemen der sowjetischen Innenpolitik. Auf dem Papier des heute noch geltenden Parteiprogramms von 1961 sollte dies freilich anders sein: bis 1970 sollte die Sowjetunion die USA in der Pro-Kopf-Produktion überflügelt, den Bedarf an komfortablen Wohnungen im wesentlichen gedeckt, die schwere körperliche Arbeit beseitigt haben und zum Land mit dem kürzesten Arbeitstag der Welt geworden sein; bis 1980 sollte gar die materiell-technische Basis des Kommunismus errichtet worden sein und die gesamte Bevölkerung in einem Überfluß an materiellen und kulturellen Gütern leben, der den Übergang zur Güterverteilung nach dem Bedürfnisprinzip, d. h. ohne Rücksicht auf die geleistete Arbeit ermöglicht[4]. Von diesen herrlichen Zeiten ist der graue Alltag der Sowjetmenschen zu Beginn der 80er Jahre weiter denn je entfernt[5]. Zwar können in den zwei Jahrzehnten, die seit der Proklamation der Zukunftsvisionen Chruščëvs vergangen sind, gewisse Fortschritte bei der Hebung des Lebensstandards verzeichnet werden, doch sind sie absolut wie relativ gesehen recht bescheiden, und die Zukunft berechtigt nicht zu höheren Erwartungen. Namentlich die beiden Fünfjahrespläne der 70er Jahre sind nicht erfüllt worden, und die wirtschaftlichen Wachstumsraten sind rückläufig[6]. Die politische Führung hat daraus insofern Konsequenzen gezogen, als

---

seitherigen Entwicklung vgl. insbesondere die Artikelserie von B. Meissner: Die Sowjetunion zwischen dem XXV. und XXVI. Parteitag der KPdSU, Osteuropa 1980, S. 549 ff., 1175 ff., und 1981, S. 13 ff., 128 ff., 392 ff.; siehe auch B. Meissner: Die Sowjetunion vor dem XXVI. Parteikongreß der KPdSU, Europa Archiv 1981, S. 77 ff.

[4] Text bei B. Meissner: Das Parteiprogramm der KPdSU 1903 bis 1961, Köln 1962, S. 188.

[5] Zum sowjetischen Alltag vgl. die jüngeren „Rußlandbücher" westlicher Korrespondenten: K. Kran, Rote Hoffnung, Grauer Alltag, Eßlingen 1972; H. Lathe, Wie lebt, was denkt der Sowjetbürger, Düsseldorf 1975; H. Smith, The Russians, New York 1976 (deutsch: Die Russen, Bern 1976); R. G. Kaiser, Russia, New York 1976 (deutsch: Alle Kinder Lenins, Reinbek 1976); W. Kuballa, Ein Koloß wird umgebaut, Frankfurt a. M. 1976; Ch. Schmidt-Häuer, Das sind die Russen, Hamburg 1980; R. u. K. Meier, Sowjetrealität in der Ära Breschnew, Stuttgart 1981.

[6] Vgl. hierzu etwa P. Knirsch, Die Entwicklung der sowjetischen Wirtschaft seit dem XXV. Parteitag der KPdSU, in: Die Sowjetunion heute, Berlin 1981, S. 53 ff.; H.-H. Höhmann, Die Ökonomik des „Durchwurstelns", Osteuropa 1981, S. 359 ff.

die in den „Grundrichtungen" für das 11. Planfünft 1981/85 vorgesehenen Ziele bescheidener sind und sich in etwa an dem in den späten 70er Jahren tatsächlich erreichten Wachstum orientieren. Aber auch dies scheint noch zu optimistisch zu sein. Der politischen Führung ist offenbar auch bewußt, daß namentlich für den Lebensstandard etwas getan werden müsse. Im Gegensatz zu den entsprechenden Dokumenten des XXV. Parteitags enthielt Brežnevs Rechenschaftsbericht einen besonderen Abschnitt über die Erhöhung des Volkswohlstandes, und unter den wirtschaftlichen Hauptaufgaben der „Grundrichtungen" ist die „Förderung des Volkswohlstandes" vor die „Sicherung eines raschen Wirtschaftswachstums" auf den ersten Platz gerückt. Die Maßnahmen, die zu diesem Zweck ins Auge gefaßt werden, sind altbekannt und reichlich phantasielos.

Auf dem Gebiete der *Lohn- und Einkommenspolitik* soll zunächst, wie bisher, das Nominal- und Realeinkommen der Bevölkerung unter Bevorzugung der Kolchosbauern und einiger spezieller Arbeitnehmergruppen (strukturelle Lohnverbesserungen) erhöht werden. Allerdings zeigen die veröffentlichten Daten, daß die Rate der Lohnerhöhungen abnimmt:

Erhöhung des Durchschnittseinkommens

	in Planperioden				
	1971/75		1976/80		1981/85
	Plan	Ist	Plan	Ist	Plan
Arbeiter und Angestellte	22,4 %	19,5 %	17,0 %	15,6 %	14,5 %
Kolchosbauern	30,6 %	22,6 %	26,0 %	26,5 %	20,0 %
	jährlich				
	1971/75		1976/80		1981/85
	Plan	Ist	Plan	Ist	Plan
Arbeiter und Angestellte	4,1 %	3,7 %	3,1 %	2,9 %	2,7 %
Kolchosbauern	5,5 %	4,2 %	4,7 %	4,8 %	3,7 %

Die ständig abnehmenden Planziele zeugen von einer restriktiven Lohnpolitik, deren Grund in den sinkenden wirtschaftlichen Wachstumsraten, dem permanenten Kaufkraftüberhang und dem dadurch erzeugten Inflationsdruck zu suchen ist. Im Jahre 1980 betrug der durchschnittliche Monatslohn der Arbeiter und Angestellten 169 Rbl., während das durchschnittliche Geldeinkommen eines Kolchosbauern aus gesellschaftlicher Arbeit auf 119 Rbl. geschätzt werden kann, zu dem noch eine Naturalentlohnung im

Werte von knapp 30 Rbl. hinzukommt[7]. Hinter diesen Durchschnittszahlen verbergen sich natürlich beträchtliche Einkommensunterschiede, und ein großer Teil der Arbeitnehmer verdient erheblich weniger als das Durchschnittseinkommen. Deshalb sollen die unteren Einkommensgruppen stärker gefördert werden, was traditionsgemäß hauptsächlich durch die schrittweise Erhöhung der Mindestlöhne angestrebt wird. Die Anhebung der Mindestlöhne für Arbeiter und Angestellte von 60 auf 70 Rbl. sollte im 9. Planfünft, also bis 1975 erfolgen; tatsächlich ist dieses Ziel erst 1977 erreicht worden. Für die begonnene Planperiode 1981/85 ist eine weitere Erhöhung der Mindestlöhne auf 80 Rbl. vorgesehen. Für eine sachgerechte Bewertung dieses Planziels muß man wissen, daß als Existenzminimum schon heute ein Monatseinkommen von 80 Rbl. angesehen werden kann.

Lohnerhöhungen sind bekanntlich nur dann von praktischem Nutzen, wenn man für das Geld auch etwas kaufen kann. Die einkommenspolitischen Maßnahmen müssen deshalb durch Maßnahmen ergänzt werden, die die Produktion von Versorgungsgütern zu steigern geeignet sind. In diesem Sinne sprachen Brežnev und Tichonov auf dem XXVI. Parteitag von einem „Programm zur Entwicklung der Konsumgüterproduktion" und einem „Nahrungsgüterprogramm". Die bisherige Bilanz ist allerdings kläglich. Ein *Konsumgüterprogramm* ist u. a. schon im 9. Fünfjahrplan 1971/75 verkündet worden, in dem erstmals in der sowjetischen Geschichte ein schnelleres Wachstum des Sektors B (Konsumgüter) gegenüber dem Sektor A (Produktionsmittel) vorgesehen war. Das Programm brach alsbald zusammen, und im 10. Fünfjahrplan 1976/80 ist der alte Vorrang der Produktionsmittelerzeugung wiederhergestellt worden. Nunmehr soll ein vorsichtiger Anlauf zur stärkeren Förderung des Sektors B unternommen werden. Die Einzelheiten mögen folgender Übersicht entnommen werden:

Wachstum der Bruttoproduktion

	1971/75		in Planperioden 1976/80		1981/85
	Plan	Ist	Plan	Ist	Plan
Sektor A	46,3 %	46,0 %	38,0 %	25,6 %	25,5 %
Sektor B	48,6 %	37,0 %	32,0 %	20,6 %	26,2 %

	1971/75		jährlich 1976/80		1981/85
	Plan	Ist	Plan	Ist	Plan
Sektor A	7,9 %	7,9 %	6,6 %	4,6 %	4,6 %
Sektor B	8,3 %	6,5 %	5,7 %	3,8 %	4,8 %

Die sowjetische Innenpolitik vor und nach dem XXVI. Parteitag   29

Noch schlimmer liegen die Dinge auf dem Gebiet der Lebensmittelversorgung der Bevölkerung. Die *Agrarproduktion* ist unstet und aufs Ganze gesehen nur langsam gestiegen:

Wachstum der landwirtschaftlichen Bruttoproduktion

	1971/75 Plan	Ist	1976/80 Plan	Ist	1981/85 Plan
in Planperioden	–	13,0 %	–	9,0 %	13 %
im Jahresdurchschnitt	4,3 %	2,5 %	–	1,7 %	2,5 %

Die Sowjetunion ist kaum in der Lage, ihre Bevölkerung angemessen zu ernähren, und ist ständig und wohl auch in zunehmendem Maße auf Getreide- und Fleischimporte angewiesen. Um dem Übel abzuhelfen, sind auch in der zweiten Hälfte der 70er Jahre zahlreiche Beschlüsse gefaßt, Verordnungen erlassen und Maßnahmen ergriffen worden, die aber nicht viel gefruchtet haben[8]. Sie reichen von Steuervergünstigungen[9] über die Förderung der überbetrieblichen Zusammenarbeit und der Bildung agroindustrieller Organisationskomplexe[10] bis zur Errichtung eines neuen Unionsministerium für Obst- und Gemüsewirtschaft im Dezember 1980[11], das sich

[7] Die UdSSR an der Schwelle des 11. Fünfjahrplanes, Wochenbericht Nr. 19/81 des Deutschen Instituts für Wirtschaftsforschung, Berlin, S. 223.

[8] Vgl. hierzu etwa K.-E. Wädekin, Die sowjetische Landwirtschaft zu Beginn der achtziger Jahre, Osteuropa 1981, S. 375 ff.

[9] Erlaß vom 14. 7. 1978 „über die Einführung einiger Änderungen des Erlasses des Präsidiums des Obersten Sowjets der UdSSR ‚Über die Einkommensteuer der Kolchosen'" (Vedomosti Verchovnogo Soveta SSSR/fortan: VVS SSSR/1978, Nr. 29, Art. 457); Erlaß vom 27. 12. 1978 „über die Befreiung der Produktionsvereinigungen und branchenübergreifenden Betriebe (Organisationen) in der Landwirtschaft von der Zahlung der Gebäudesteuer und der Bodenrente" (VVS SSSR 1979, Nr. 1, Art. 1); Erlaß vom 1. 3. 1979 „über die Einkommensteuer der genossenschaftlichen und gesellschaftlichen Organisationen" (VVS SSSR 1979, Nr. 10, Art. 156).

[10] ZK-Beschluß vom 28. 5. 1976 „über die weitere Entwicklung der Spezialisierung und Konzentration der landwirtschaftlichen Produktion auf der Grundlage der branchenübergreifenden Kooperation und der agroindustriellen Integration" (Rešenija partii i pravitel'stva po chozjajstvennym voprosam/fortan: Rešenija/, Bd. 11, S. 316); „Allgemeine Ordnung des branchenübergreifenden Betriebs (Organisation) in der Landwirtschaft", bestätigt durch gemeinsame Verordnung des ZK und des Ministerrats vom 14. 4. 1977 (Sobranie postanovlenij SSSR/fortan: SP SSSR/1977, Nr. 13, Art. 80); ZK-Beschluß vom 4. 7. 1978 „über die weitere Entwicklung der Landwirtschaft der UdSSR" (Rešenija, Bd. 12, S. 351); „Ordnung der Produktionsvereinigung in der Landwirtschaft", bestätigt durch gemeinsame Verordnung des ZK und des Ministerrats vom 7. 12. 1978 (SP SSSR 1979, Nr. 3, Art. 15).

[11] Erlaß vom 19. 12. 1980 „über die Errichtung eines Unions-Republik-Ministeriums für Obst- und Gemüsewirtschaft der UdSSR" (VVS SSSR 1980, Nr. 52, Art. 1126).

auch um die Transport-, Lagerungs- und Verarbeitungsprobleme kümmern soll. Eine besondere Rolle spielte in diesem Zusammenhang das Landwirtschaftsplenum des ZK vom Juli 1978[12], dessen Beschlüsse nach Brežnevs Worten auf dem Parteitag nach wie vor gültig sein sollen. Dieses ZK-Plenum hat sich namentlich für einen Ausbau der umstrittenen agroindustriellen Komplexe eingesetzt, daneben aber auch dem Privatsektor einige Aufmerksamkeit gewidmet. In den letzten Jahren ist eine Politik der gezielten und begrenzten Förderung der privaten Nebenwirtschaften der Kolchosbauern, Landarbeiter und sonstigen Sowjetbürger eingeleitet worden, in denen immerhin noch rund ein Viertel der gesamten sowjetischen Agrarproduktion erzeugt wird[13]. Indes hat diese Politik offenbar den Unwillen konservativer Parteikreise und lokaler Agrarfunktionäre hervorgerufen, die sie nach Kräften sabotieren. Ein Indiz dafür ist die Tatsache, daß eine einschlägige gemeinsame Verordnung des Zentralkomitees und des Ministerrats der UdSSR vom 14. 9. 1977, in der unter anderem eine Überprüfung und eventuelle Erhöhung der örtlichen Normen für die private Viehhaltung angeregt wurden, erst ein Jahr später in einem Sammelband veröffentlicht[14] und in der bislang jüngsten gemeinsamen Verordnung vom 8. 1. 1981 kritisiert worden ist, daß die Durchführung der Verordnung von 1977 auf Widerstände gestoßen sei[15]. Als vorläufiger Höhepunkt der diversen Förderungsmaßnahmen werden in der Verordnung von 1981 die Kolchosen und Sowchosen ermuntert, mit Kolchosbauern, Landarbeitern, Bürgern und Rentnern Viezucht- und Milcherzeugungsverträge zu schließen, auf deren Grundlage der Kolchos oder Sowchos seine Nutztiere, die nicht auf die Normen der zulässigen privaten Viehhaltung angerechnet werden, Weideland und sonstige Förderungsmaßnahmen dem Einzelnen zur Verfügung stellt, der sich verpflichtet, die erzielten Produkte dem Kolchos/Sowchos zu einem Preis zu verkaufen, der nicht höher sein darf als der staatliche Aufkaufpreis. Es ist zu bezweifeln, daß mit so halbherzigen Maßnahmen, von denen nur ein mäßiger Anreiz auf das private Gewinnstreben ausgeht, ein wirklicher Durchbruch erzielt werden kann.

Im Zusammenhang mit den allgemeinen Maßnahmen zur Erhöhung des Lebensstandards ist des weiteren das *Wohnungsbauprogramm* zu erwähnen, dessen praktischer Verlauf das übliche Schema zeigt: nachdem der Plan nicht

---

[12] Vgl. die Dokumentation „Richtlinien für die sowjetische Agrarpolitik bis 1985", Osteuropa 1979, S. A 1 ff.

[13] K.-E. Wädekin, Der Privatsektor in der Landwirtschaft Osteuropas III: Das sowjetische Modell, Neue Zürcher Zeitung vom 13. 2. 1980, S. 13 f.

[14] Gemeinsame Verordnung des ZK und des Ministerrats vom 14. 9. 1977 „über die persönlichen Nebenwirtschaften der Kolchosbauern, Arbeiter, Angestellten und anderen Bürger sowie die kollektive Garten- und Gemüsewirtschaft" (Rešenija, Bd. 12, S. 104).

[15] Gemeinsame Verordnung des ZK und des Ministerrats vom 8. 1. 1981 „über zusätzliche Maßnahmen zur Erhöhung der landwirtschaftlichen Produktion in den persönlichen Nebenwirtschaften der Bürger (SP SSSR 1981, Nr. 6, Art. 37).

erfüllt worden ist, werden die künftigen Planziele auf Grund der tatsächlich erzielten Produktionsleistungen niedriger angesetzt, so daß im Endeffekt immer weniger neuer Wohnraum geschaffen wird:

Neuer Wohnraum in Mill. m²

| 1971/75 | | 1976/80 | | 1981/85 |
Plan	Ist	Plan	Ist	Plan
580	544,8	545–550	530	530

Mit dieser Bauleistung ist es in zehn Jahren gelungen, den auf eine Person entfallenden städtischen Wohnraum um zwei m², nämlich von 11,2 m² (1970) auf 13,2 m² (1980) zu vergrößern. Zum Vergleich: der entsprechende Wohnraum pro Person in der Bundesrepublik betrug 1978 31 m². Dies bedeutet, daß für den hypopthetischen Fall, daß die Sowjetunion im bisherigen Tempo weiterbaut und in der Bundesrepublik jegliche Bautätigkeit eingestellt wird, der Sowjetbürger in 90 Jahren die Chance hat, das Wohnungsniveau der Bundesbürger zu erreichen. Die bekanntlich miserable Qualität sowjetischer Wohnungen bleibt dabei unberücksichtigt. Zur bescheidenen Erfolgsbilanz gehört demgegenüber die begründete Erwartung, daß in absehbarer Zeit in jeder Wohnung nur eine Familie wohnt. Betrug der Anteil der Einfamilienwohnungen 1960 nur 40%, so ist er bis 1980 auf knapp 80% erhöht worden. In den begehrten Großstädten und namentlich in Moskau sind die Wohnverhältnisse wesentlich schlechter, als die obigen statistischen Durchschnittsdaten zeigen. Bezeichnend hierfür ist die Tatsache, daß in Moskau im Jahre 1974 eine Familie erst dann in die Liste der Wohnungssuchenden aufgenommen und damit zum offiziellen Verteilungsverfahren zugelassen wurde, wenn 5 m² Wohnfläche pro Person unterschritten waren[16]. Die katastrophalen Wohnverhältnisse werden durch die Ungerechtigkeiten des Privilegiensystems verschlimmert: das sowjetische Wohnungsrecht enthält zahlreiche Sondervorschriften, durch die bestimmte Personengruppen bei der Wohnraumzuteilung bevorzugt werden[17]. Hieran soll sich auch künftig nichts ändern. Die nach dem Parteitag verabschiedeten „Grundlagen der Wohnungsgesetzgebung" enthalten in Art. 20 eine Liste von bevorzugt zu berücksichtigenden Personengruppen, die mit einer Generalklausel schließt, nach der das Vorzugsrecht „auch auf andere Bürger erstreckt werden kann".[18]

---

[16] N. S. Nozdrin — L. A. Furman, Osnovy žiliščnogo i trudovogo prava, Moskau 1975, S. 29.

[17] Zum sowjetischen Wohnungsrecht vgl. A. Bilinsky, Das Wohnungsmietrecht in der Sowjetunion, Jahrbuch für Ostrecht 1975, Bd. XVI/1, S. 103 ff.; A. Hastrich, Sowjetisches Wohnraumrecht, Osteuropa-Recht 1975, S. 119 ff.; O. Luchterhandt, UN-Menschenrechtskonventionen — Sowjetrecht — Sowjetwirklichkeit, Baden-Baden 1980, S. 83 ff.

[18] VVS SSSR 1981, Nr. 26, Art. 834.

Von den bisher behandelten sozialpolitischen Problemen ist die gesamte Sowjetbevölkerung betroffen. Daneben gibt es *besondere Problemgruppen,* deren Lebensverhältnisse von zusätzlichen Schwierigkeiten gekennzeichnet sind und deshalb gezielter Verbesserungen bedürfen. Zu ihnen zählen namentlich die Frauen, die kinderreichen Familien, die Rentner und die Kolchosbauern. Brežnev sprach in diesem Zusammenhang von einer „wirksamen Bevölkerungspolitik", um die sich die Partei in den letzten Jahren besonders bemüht habe, fügte aber zu Recht hinzu, daß es zu einem spürbaren Umschwung bisher trotzdem nicht gekommen sei. Er wie auch Tichonov kündigten einige gezielte sozialpolitische Maßnahmen an, die in zwei gemeinsamen Verordnungen des Zentralkomitees der KPdSU und des Ministerrats der UdSSR „über Maßnahmen zur Erhöhung der staatlichen Hilfe an Familien mit Kindern" und „über Maßnahmen zur weiteren Verbesserung der Sozialversicherung der Bevölkerung" konkretisiert worden sind. Die Verordnungen wurden bereits am 22. Januar beschlossen, aber erst kurz nach Beendigung des XXVI. Parteitags veröffentlicht[19]. Eine nähere Untersuchung der beabsichtigten Maßnahmen rechtfertigt zwei allgemeine Aussagen. Erstens zeichnen sich die angekündigten Maßnahmen durch völlige Unzulänglichkeit, ja Erbärmlichkeit aus. Dies wird deutlich, wenn man die Höhe der im einzelnen gleich darzulegenden Hilfeleistungen am Maßstab des Existenzminimum von etwa 80 Rbl. mißt. Zweitens zeigen namentlich die Maßnahmen der Familienförderung, daß sich die politische Führung nach längeren, öffentlich geführten Diskussionen für eine differenzierte und gegen eine einheitliche Bevölkerungspolitik entschieden hat. Dies bedeutet, daß die Hilfeleistungen an kinderreiche Mütter und Familien nicht allein an der sozialen Bedürftigkeit, sondern auch an demographischen Überlegungen orientiert und nach Vorstellungen über einen wünschenswerten Bevölkerungszuwachs abgestuft sind.

Hauptadressat der angekündigten sozialpolitischen Sondermaßnahmen sind die *Mütter und Familien mit Kindern.* Ihnen sollen im einzelnen folgende staatliche Leistungen zugute kommen:

— Das *Kindergeld,* das mit Wirkung vom 1. November 1974 eingeführt worden ist[20], soll 1981 für alleinstehende Mütter erhöht werden. Nach der gegenwärtig geltenden Regelung erhält eine Mutter je Kind ein monatliches Kindergeld in Höhe von 12 Rbl. Voraussetzung ist allerdings, daß das Pro-Kopf-Einkommen der Familie unter 50 Rbl. liegt, und das Kindergeld wird nur bis zum 8. Lebensjahr des Kindes gezahlt. Die in Aussicht genommene Verbesserung für alleinstehende Mütter

---

[19] sP SSSR 1981, Nr. 13, Art. 75 und 76. Zusammenfassung des Inhalts der Verordnungen in: Pravda vom 31.3.1981.

[20] Erlaß vom 25.9.1974 „über die Einführung von Beihilfen für Kinder aus bedürftigen Familien" (VVS SSSR 1974, Nr. 40, Art. 663); „Ordnung über das Verfahren der Zuerkennung und Auszahlung von Beihilfen für Kinder aus bedürftigen Familien", bestätigt durch Verordnung des Ministerrats vom 25.9.1974 (SP SSSR 1974, Nr. 21, Art. 123).

besteht darin, daß das Kindergeld auf 20 Rbl. erhöht und bis zum 16. Lebensjahr des Kindes gezahlt wird.

— Die größte Beachtung in der westlichen Presse hat die Ankündigung Brežnevs erfahren, im 11. Planfünft werde das *„Babyjahr"* bei teilweiser Lohnfortzahlung eingeführt. Freilich war diese Maßnahme schon im 10. Fünfjahresplan für 1976/80 vorgesehen, aber dann nicht verwirklich worden. Nunmehr soll dies ab 1981 „schrittweise nach Rayonen" geschehen, welche Formulierung der „differenzierten" Bevölkerungspolitik Raum gibt, regionale Unterschiede herbeizuführen. Derartige Unterschiede sind bei der Bemessung des Teillohnes übrigens schon fixiert worden, den eine Mutter, die mindestens ein Jahr in einem Arbeitsverhältnis gestanden hat, für die Dauer eines Jahres erhalten soll, falls sie sich dazu entschließt, nach der Geburt eines Kindes die Arbeit auszusetzen: die Höhe des fortgezahlten Teillohns beträgt in der Regel 35 Rbl. (ca. 20% des statistischen Durchschnittslohns!), im Fernen Osten, in Sibirien und im Hohen Norden jedoch 50 Rbl. Das sind auch die Regionen, in denen besondere Lohnzuschläge gezahlt werden und für die Breznev einen Arbeitskräftemangel konstatiert hat. Ihnen hat der Parteichef Zentralasien und den Kaukasus gegenübergestellt, wo ein Arbeitskräfteüberschuß vorherrsche. Es ist folglich anzunehmen, daß sich die sowjetische Führung mit der Einführung des Babyjahres in den letzteren Regionen am meisten Zeit lassen wird. Es ist des weiteren vorgesehen, daß die Mutter im Anschluß an das Babyjahr zunächst 6 Monate und später ein Jahr unbezahlten Urlaub soll nehmen können.

— Ein besonders auffälliges Beispiel für die „differenzierte" Bevölkerungspolitik stellen die angekündigten Verbesserungen bei der *einmaligen Geburtenbeihilfe* dar. Nach geltendem Recht[21] wird ab der Geburt des 3. Kindes eine einmalige Geburtenbeihilfe gezahlt, deren Höhe mit 20 Rbl. beginnt und sich bis zu 250 Rbl. ab dem 11. Kind sukzessive steigert. In der Planperiode 1981/85 soll die Geburtenbeihilfe schon für die erste Geburt eingeführt werden und für das erste Kind 50 Rbl., für das zweite und dritte Kind je 100 Rbl. betragen. Im übrigen soll es bei den bisherigen Regelungen verbleiben. Dies bedeutet aber, daß für das vierte Kind nur 65 Rbl. und für das 5. Kind 85 Rbl. bezahlt werden[22]. Die Familie mit 2-3

---

[21] „Ordnung über das Verfahren der Zuerkennung und Auszahlung von Beihilfen an Schwangere, kinderreiche und alleinstehende Mütter", bestätigt durch Verordnung des Ministerrats vom 12. 8. 1970 (SP SSSR 1970, Nr. 15, Art. 123).

[22] Die Leistungen der einmaligen Geburtenbeihilfe und der monatlichen Beihilfe, die für Kinder zwischen dem 2. und 5. Lebensjahr gewährt wird, würden sich demnach folgendermaßen darstellen:

	einmalige Beihilfe	monatliche Beihilfe
1. Kind	50 Rbl.	—
2. Kind	100 Rbl.	—
3. Kind	100 Rbl.	—
4. Kind	65 Rbl.	4 Rbl.
5. Kind	85 Rbl.	6 Rbl.
6. Kind	100 Rbl.	7 Rbl.
7. u. 8. Kind	125 Rbl.	10 Rbl.
9. u. 10. Kind	175 Rbl.	12,5 Rbl.
ab 11. Kind	250 Rbl.	15 Rbl.

Kindern erscheint somit als das demographische Leitbild, und kinderreiche Mütter werden relativ benachteiligt. Da der Kinderreichtum für die islamischen Turkvölker charakteristisch ist, während die geringe Kinderzahl insbesondere bei den großen ostslawischen Völkern (Russen, Ukrainer, Weißrussen) auffällt, ist es unschwer zu erraten, welcher demographische Effekt durch die Verbesserungen erzielt werden soll.

— An nennenswerten Verbesserungen ist schließlich die schrittweise Einführung eines *Zusatzurlaubs* von 3 Tagen für Mütter zu erwähnen, die mindestens zwei Kinder im Alter bis zu 12 Jahren haben. Allerdings darf der Gesamturlaub insgesamt 28 Kalendertage nicht überschreiten. Bei Erkrankung eines Kindes soll die Mutter bis zu 14 Tagen Sonderurlaub erhalten können, für den die Hälfte ihres Lohnes gezahlt wird. Des weiteren sollen die Möglichkeiten einer *Teilzeitbeschäftigung* für junge Mütter erweitert werden, wie dies schon für 1976/80 proklamiert wurde.

Der Problemgruppe der *Rentner* soll mit der konventionellen Methode der *Rentenerhöhungen* geholfen werden. Daß besondere Rentenerhöhungen von Zeit zu Zeit immer wieder vorgenommen werden müssen, liegt an den strukturellen Besonderheiten des sowjetischen Rentensystems, dem die automatische Anpassung der Renten an die Entwicklung des allgemeinen Einkommensniveaus, also die dynamische Rente, unbekannt ist[23]. Auf diese Weise hinken die Altersrenten hinter der allgemeinen Einkommensentwicklung her. Besonders mißlich sind die wachsenden Unterschiede zwiscen den „Altrenten" und „Neurenten", die sich daraus ergeben, daß die ad hoc vorgenommenen Rentenerhöhungen in aller Regel nicht zurückwirken. Zudem sind die Altersrenten, die sich für Arbeiter und Angestellte einerseits sowie für Kolchosbauern andererseits nach unterschiedlichen Regeln richten[24], relativ und absolut sehr niedrig. Die Rentenhöhe ist nach dem Monatslohn degressiv gestaffelt, so daß die Altersrente schon ab einem Monatslohn von 110 Rbl. (Durchschnittslohn 1980: 169 Rbl.!) 50% beträgt. Die tatsächliche durchschnittliche Altersrente im Jahre 1977 ist von P. Stiller für Arbeiter und Angestellte auf 61,1 Rbl. und für Kolchosbauern auf 27,4 Rbl. geschätzt worden[25]. Somit liegen die meisten Altersrenten unter dem Existenzminimum von 80 Rbl.[26]. Unter diesen Umständen ist es nicht weiter verwunderlich, daß rund zwei Drittel der Rentner weiterhin erwerbstätig sind[27] und die

---

[23] Vgl. hierzu P. Stiller, Die sowjetische Rentenversicherung 1917-1977, Bericht Nr. 42/1979 des Bundesinstituts für ostwissenschaftliche und internationale Studien, Köln. Siehe auch O. Luchterhandt (Anm. 17), S. 65 ff.

[24] Das Rentenrecht der Arbeiter und Angestellten beruht auf dem „Gesetz über die Staatsrenten" vom 14. 7. 1956 (VVS SSSR 1956, Nr. 15, Art. 313). Für Kolchosbauern ist die Altersrente erst mit Wirkung vom 1. 1. 1965 durch das „Gesetz über die Renten und Beihilfen für Kolchosmitglieder" vom 15. 7. 1964 (VVS SSSR 1964, Nr. 29, Art. 340) eingeführt worden.

[25] P. Stiller (Anm. 23), S. 52, 61.

[26] Errechnet nach Narodnoe Chozjajstvo SSSR 1979, S. 9, 409.

politische Führung sich für die Förerung der Rentnerarbeit einsetzt. Ansonsten sollen vor allem die Mindestrenten angehoben werden. Es ist vorgesehen, daß die Mindestaltersrenten der Arbeiter und Angestellten noch 1981 auf 50 Rbl.[28] und diejenigen der Kolchosbauern im Zeitraum 1981/85 auf 40 Rbl.[29] erhöht werden. Des weiteren ist eine Erhöhung der Altrenten mit dem Ziel einer Anpassung an die Neurenten beabsichtigt. Als Altrentner werden hierbei die Altersrentner angesehen, die vor über zehn Jahren in den Ruhestand getreten sind; erhöht werden sollen namentlich die Altrenten unter 60 Rbl. All diese beschämend niedrigen Summen legen ein beredtes Zeugnis für die mangelnde soziale Leistungsfähigkeit des Sowjetsystems ab.

Die meisten Maßnahmen zugunsten der dritten Problemgruppe der *Kolchosbauern* sind bereits zur Sprache gekommen. Die Kolchosbauern sollen bei den geplanten Einkommens- und Rentenerhöhungen bevorzugt werden (natürlich nur relativ, denn absolut gesehen sollen ihre Einkünfte nach wie vor unter denen der Arbeiter und Angestellten liegen). Das gleiche gilt für den Wohnungsbau, und die genannten Förderungsmaßnahmen zugunsten der privaten Nebenwirtschaften betreffen in erster Linie ebenfalls diese Personengruppe. Auf der anderen Seite ist es bemerkenswert, daß eine bedeutsame, schon früher angeordnete und jetzt aktuell werdende Maßnahme, die einer Aufhebung der sowjetischen Variante der Leibeigenschaft gleichkommen würde, auf dem Parteitag mit Stillschweigen übergangen wurde. Die Freizügigkeit innerhalb der Sowjetunion ist bekanntlich vom Besitz eines Passes abhängig. Da aber die Kolchosbauern herkömmlicherweise keine Pässe haben bzw. ihre Pässe von der Kolchosverwaltung aufbewahrt und nicht ausgehändigt werden, können die Kolchosbauern ihren Wohnbezirk ohne Genehmigung nicht verlassen, sind also an die Scholle gebunden. Nach der Durchführungsverordnung des Ministerrats zur neuen Paßordnung vom 28. 8. 1974 sollten allen Bewohnern ländlicher Gebiete bis zum 31. Dezember 1981 Pässe ausgestellt werden[30]. Ob diese an sich zwingend vorgesehene Paßausgabe-Aktion tatsächlich läuft, ist nicht bekannt, aber die verdächtige Stille, die die Angelegenheit schon seit einigen Jahren umgibt, läßt nichts Gutes erhoffen.

---

[27] Im Jahre 1979 waren von 47,6 Mill. Rentnern 32,3 Mill. nebenbei erwerbstätig; Narodnoe Chozjajstvo SSSR 1979, S. 9.

[28] Die Mindestrente der Arbeiter und Angestellten betrug ursprünglich 30 Rbl. und ist 1971 auf 45 Rbl. erhöht worden. Die Höchstrente beläuft sich schon seit 1956 auf 120 Rbl., was im Hinblick auf die seitherige Lohn- und Preisentwicklung fast grotesk ist.

[29] Die Mindestrente der Kolchosbauern ist 1971 von 12 auf 20 Rbl. und 1980 auf 28 Rbl. angehoben worden. Die Höchstrente betrug ursprünglich 102 Rbl. und ist 1971/74 schrittweise auf 120 Rbl. erhöht worden.

[30] Vgl. hierzu die Dokumentation „Der neue Paß des Sowjetbürgers" mit anschließender Diskussion zwischen G. Jaehne, P. Osten, K.-E. Wädekin und G. Brunner in: Osteuropa 1977, S. A 249 ff., 533 f., 801. Siehe auch L. Boim, The Passport System in the USSR and its Effect upon the Status of Jews, Israel Yearbook on Human Rights 1975, S. 141 ff. (152, 160 f.).

II. Politische Sozialisation

Die politische Apathie der Bevölkerung, ihre individualistische und teilweise religiöse Einstellung sowie die Zunahme asozialer Verhaltensweisen insbesondere bei der Jugend, kurzum: die Diskrepanz zwischen politischer Idealkultur und politischer Realkultur stellt ebenfalls ein Dauerproblem der sowjetischen Innenpolitik dar[31]. So beklagte sich auch Brežnev auf dem XXVI. Parteitag über „Egoismus und Spießbürgertum, Raffgier, Gleichgültigkeit für die Sorgen und Taten des Volkes" und bezeichnete die Trunksucht als ein ernstes Problem. Bei der Jugend bemängelte er „politische Naivität" und eine wenig verantwortungsbewußte Einstellung zur Arbeit und erteilte in diesem Zusammenhang dem Komsomol eine Rüge. Wie dieser unbefriedigende Zustand der Dinge geändert, wie die verflossene Anziehungskraft der marxistisch-leninistischen Ideologie gestärkt und der Sowjetmensch der Bilderbücher in die Realität verpflanzt werden sollte, dafür hatte allerdings auch Brežnev kein Patentrezept parat. Er sprach von einer „Umgestaltung" der *ideologischen Arbeit* und verwies auf den vom Politbüro gefaßten ZK-Beschluß vom 26. 4. 1979 „über die weitere Verbesserung der ideologischen und politischen Erziehungsarbeit", der ein langfristig gültiges Dokument sei[32]. In diesem „Ideologieedikt" wurde herbe Kritik an den bestehenden Mängeln geübt, eine Steigerung der Wirksamkeit und der offensiven Natur der Propaganda im Kampf gegen die ideologische Diversion des Klassengegners gefordert, eine überzeugende Abhilfe jedoch nicht in Aussicht gestellt. Die Bemühungen um eine Individualisierung und Koordinierung der Agitprop-Aktivitäten[33] stehen im Zeichen einer Modernisierung der Methoden, nicht aber einer Veränderung der Propagandainhalte. Dies gilt auch für die Reformen der *Parteischulung,* die 1978 beschlossen worden sind. Ihre drei zentralen Einrichtungen, die Akademie der Gesellschaftswissenschaften, die Parteihochschule und die Parteihochschule für den Fernunterricht, wurden zur Akademie der Gesellschaftswissenschaften der UdSSR beim ZK der KPdSU vereinigt, die als führende Lehranstalt und wissenschaftliches Zentrum für die Kaderausbildung sowie als Forschungsstätte auf dem Gebiet des Wissenschaftlichen Kommunismus fungieren soll[34]. Die neue Akademie soll

---

[31] Vgl. hierzu G. Brunner, Politische Soziologie der UdSSR, Wiesbaden 1977, Bd. I, S. 47 ff., insb. S. 93 ff.; St. White, Political Culture and Soviet Politics, London 1979, insb. S. 84 ff.

[32] Zusammenfassung des Inhalts des ZK-Beschlusses in: Pravda vom 6. 5. 1979; deutscher Text in: Osteuropa 1979, S. A 686 ff. Siehe auch B. Meissner (Anm. 3), 1981, S. 34 ff.

[33] Th. Kussmann, Beeinflußt die Propaganda das Verhalten der Sowjetbürger?, in: Sowjetunion 1978/79, München 1979, S. 36 ff. (44 ff.).

[34] ZK-Beschluß vom 2. 3. 1978 „über Maßnahmen zur Vervollkommnung der Ausbildung von Kadern in den höchsten Parteilehranstalten im Lichte der Anweisung von L. I. Brežnev" (Partijnaja Žizn' 1978, Nr. 7, S. 3). Die neue Akademie ist am 1. 9. 1978 feierlich eröffnet worden.

des weiteren die regionalen Parteihochschulen anleiten, deren Tätigkeit mit dem Ziel der Zentralisierung und stärkeren Praxisorientierung des Unterrichts neu geordnet worden ist[35]. Für die Ausbildung der leitenden Wirtschaftskader wurde 1978 die Akademie der Volkswirtschaft der UdSSR als eine Art Managerschule ins Leben gerufen. Schließlich setzte das Politbüro eine Ideologische Kommission ein, die alle Bestrebungen um eine stärkere und wirksamere ideologische Indoktrination namentlich bei der Kaderausbildung und im Schulbereich zentral steuern soll.

Obwohl die forcierten Agitprop-Aktivitäten wenig Aussicht auf Erfolg haben, vermag sich die Parteiführung offensichtlich nicht dazu zu entschließen, die Bevölkerung durch die Einräumung *politischer Partizipationsmöglichkeiten* aus ihrer Lethargie aufzurütteln. Die vorhandenen Partizipationsmöglichkeiten werden durch die gesellschaftlichen Organisationen mediatisiert, sind rein konsultativer Art und beschränken sich auf Kontroll- und Durchführungsfunktionen. Der in der neuen Sowjetverfassung von 1977 hervorgehobene „Ausbau der sozialistischen Demokratie" vollzieht sich nach wie vor auf der propagandistischen Ebene. Dies zeigt sich bei den sowjetischen *Wahlen* besonders deutlich. Zwar ist das Wahlrecht im Zuge der Folgegesetzgebung zur neuen Verfassung neu geregelt worden, doch an der Wahlpraxis hat sich nichts geändert. Bei den Unionswahlen vom März 1979 haben es zwei bekannte Dissidenten, Roj Medvedev und Ljudmila Agapova, erstmals versucht, von dem gesetzlich verbrieften Recht, in einem Wahlkreis mehrere Kandidaten zu nominieren, Gebrauch zu machen, und wollten über die Wählergruppe „Wahlen 79" in zwei Moskauer Stadtbezirken für den Obersten Sowjet der UdSSR kandidieren. Nachdem die beantragte Registrierung der Wählergruppe als gesellschaftliche Organisation vom Exekutivkomitee des Moskauer Stadtbezirks Dzeržinski abgelehnt worden war, verweigerten die zuständigen Wahlkommissionen die Registrierung des Wahlvorschlags mit der Begründung, die Wählergruppe sei weder eine registrierte gesellschaftliche Organisation noch ein Arbeitskollektiv. Dem sowjetischen Wähler wird unverändert nur die Rolle zugedacht, den einzigen offiziellen Kandidaten zu bestätigen, um auf diese Weise seine Zustimmung zum bestehenden Herrschaftssystem zu bekunden. Die theoretische Möglichkeit, sich anders zu verhalten und den offiziellen Kandidaten durch Verweigerung von mehr als der Hälfte der abgegebenen Stimmen — es gilt das System der absoluten Mehrheitswahl — zu Fall zu bringen, hat nur auf der untersten Ebene der Wahlen zu den örtlichen Sowjets einen geringen Realitätsgehalt. Es ist für das innenpolitische Klima der Brežnev-Ära symptomatisch, daß die Anzahl der gescheiterten Kandidaturen bei den Kommunalwahlen seit 1961 bis 1977 kontinuierlich zurückgegangen ist. Die jüngste

---
[35] ZK-Beschluß vom 13. 6. 1978 „über Maßnahmen zur Ausbildung der Partei- und Sowjetkader in den republikanischen und zwischengebietlichen Parteihochschulen" (Partijnaja Žizn' 1978, Nr. 13, S. 3).

Abweichung von dem rückläufigen Trend bei den Kommunalwahlen von 1980 ist so minimal, daß sie auch im Rahmen der gegebenen mikroskopischen Größenordnungen kaum als Zeichen einer möglichen Wende interpretiert werden kann.:

Wahlen zu den örtlichen Sowjets[36]

Wahljahr	Anzahl der Deputierten	gescheiterte Kandidaturen absolut	in %
1957	1 519 690	169	0,0111
1961	1 822 047	249	0,0137
1965	2 010 540	208	0,0103
1967	2 045 419	129	0,0063
1969	2 070 539	145	0,0070
1971	2 165 168	95	0,0044
1973	2 193 195	80	0,0036
1975	2 210 932	68	0,0031
1977	2 229 785	61	0,0027
1980	2 274 861	77	0,0034

Der XXVI. Parteitag beleuchtete im übrigen nur einen etwas entlegenen Abschnitt der festgefahrenen Partizipationsfront: das *Eingabenwesen,* dessen staatlich-gesellschaftliche Seite im März 1980 eine revidierte Rechtsgrundlage erhalten hatte[37]. Brežnev hob die Bedeutung der *Briefe* der Werktätigen hervor, von denen angeblich rund 1 500 täglich beim Zentralkomitee eingehen, und rühmte sie als „lebendigen Strom für die Verbindung der Partei mit den Massen". Wohl auf Betreiben seines Intimus, des ZK-Sekretärs Černenko, wurde 1979 eine neue ZK-Abteilung für Briefe errichtet, und kurz nach dem XXVI. Parteitag erging ein ZK-Beschluß, der die Wichtigkeit der Eingabenarbeit erneut betonte[38]. Freilich dienen die Briefe und Eingaben in der Praxis eher als Informationsquelle für ihre Adressaten denn als Mittel politischer Partizipation. Die Werktätigen mögen Anregungen und Beschwerden vortragen; ob sie allerdings aufgegriffen werden, liegt ausschließlich im Ermessen der zuständigen Partei- und Staatsorgane. Damit

---

[36] Quellen: Pravda vom 8., 9., 15. u. 16. 3. 1957, vom 12. u. 24. 3. 1961, vom 28. 3. 1965; VVS SSSR 1967, Nr. 13. S. 162; 1969, Nr. 13, S. 145; 1971, Nr. 25, S. 323; 1973, Nr. 26, S. 387; 1975, Nr. 27, S. 411; 1977, Nr. 26, S. 485; 1980, Nr. 10, S. 159.

[37] Erlaß vom 12. 4. 1968 „über das Verfahren bei der Bearbeitung von Vorschlägen, Eingaben und Beschwerden der Bürger" i. d. F. vom 4. 3. 1980 (VVS SSSR 1980, Nr. 11, Art. 192).

[38] ZK-Beschluß „über Maßnahmen zur weiteren Verbesserung der Arbeit mit den Briefen und Vorschlägen der Werktätigen im Lichte der Beschlüsse des XXVI. Kongresses der KPdSU", Text in: Pravda vom 4. 4. 1981.

kein falscher Eindruck über die Funktion der Briefe entsteht, stellte Breznev klar, daß er bei seinem Lob nur an „offene und ehrliche" Briefe, nicht aber an „anonyme Verleumdungen" denke.

III. Oppositionelle Strömungen

Die Gleichgültigkeit ist wohl die vorherrschende politische Attitüde unter den Sowjetbürgern. Es gibt aber auch Einzelne und Bevölkerungsgruppen, die dem Sowjetsystem mehr oder minder, partiell oder total ablehnend gegenüberstehen. Es ist natürlich nicht einfach, diese Teile der Sowjetbevölkerung genauer zu bestimmen, weil die Übergänge zwischen politischer Apathie, Renitenz, Nonkonformismus und offener Opposition fließend und die Motive dieser Verhaltensformen sehr unterschiedlich sind. ohne Rücksicht auf die terminologischen Schwierigkeiten und Streitigkeiten, die bei der sachgerechten Bezeichnung dieser Verhaltensweisen auftauchen, sollen an dieser Stelle unter dem Begriff „oppositionelle Strömungen" all die Gruppierungen verstanden werden, die durch ein tätiges Kollektivverhalten ihre teilweise oder gänzliche Ablehnung des bestehenden Herrschaftssystems zum Ausdruck bringen. *Quantitative Aussagen* über die so verstandenen oppositionellen Strömungen sind naturgemäß recht schwierig. Der sowjetische Atomphysiker C. Lubarsky, der im Oktober 1977 seine Heimat verlassen mußte und heute in München lebt, hat unlängst den Versuch unternommen, die Stärke der Opposition zahlenmäßig zu bestimmen[39]. Nach seinen Schätzungen gibt es in der Sowjetunion 8 000 bis 9 000 politische Häftlinge und über 10 000 in Freiheit wirkende aktive Dissidenten; rechnet man die religiösen und nationalen Bewegungen hinzu, so werden die oppositionellen Strömungen von etwa 250 000 Menschen aktiv getragen. Gemessen an einer Bevölkerungszahl von ca. 266 Millionen ist dies auch dann eine eher bescheidene Größenordnung, wenn man berücksichtigt, daß der Sympathisantenkreis wesentlich größer sein dürfte als die aktive Opposition. Immerhin ist das Gewicht der oppositionellen Strömungen nicht so gering, daß sie als innenpolitisches Problem hohen Ranges einfach übergangen werden könnte, wie dies auf dem XXVI. Parteitag im wesentlichen geschehen ist.

Nach ihren *Beweggründen* lassen sich sozial, politisch, religiös und national motivierte oppositionelle Strömungen unterscheiden.

Die *sozial motivierte Arbeiteropposition* steht mit der allgemein verbreiteten, sich aber nur selten offen artikulierenden Unzufriedenheit mit den schlechten Lebensbedingungen in der Sowjetunion in engem Zusammenhang. Seit Ende der 50er Jahre kommt es immer wieder zu einzelnen Pro-

---
[39] C. Lubarsky, Soziale Basis und Umfang des sowjetischen Dissidententums, Osteuropa 1979, S. 923 ff.

testaktionen, Arbeiterunruhen und Arbeitsniederlegungen, deren Ursache geringe Löhne, hohe Arbeitsnormen, Versorgungsschwierigkeiten, schlechte Wohnverhältnisse, unzumutbare Arbeitsbedingungen und ähnliche soziale Mißstände sind[40]. Die Reaktion der sowjetischen Behörden auf derartige Vorfälle ist unterschiedlich, sie reicht von der Befriedigung der vorgebrachten Arbeiterforderungen bis zum bewaffneten Einsatz der Miliz und des KGB und zu strafrechtlichen Verfolgungsmaßnahmen. Bis vor kurzem handelte es sich bei diesen Aktionen der Arbeitschaft um vereinzelte, lokal begrenzte Manifestationen des Unmuts über konkrete Mißstände. Die ersten Formen einer organisierten Arbeiteropposition sind erst in jüngster Zeit in Erscheinung getreten. Den ersten Schritt in diese Richtung tat der Grubenarbeiter V. A. Klebanov, der um die Jahreswende 1977/78 die kurzlebige „Vereinigung Freier Gewerkschaften" gründete. Diese Organisation wurde zwar vom KGB schon im Januar 1978 zerschlagen, aber bereits im Oktober 1978 ist die „Freie Interprofessionelle Vereinigung der Werktätigen" (SMOT) entstanden, die sich als ihr Nachfolger versteht und trotz aller Verfolgungsmaßnahmen bis zum heutigen Tag fortbesteht. Obwohl die SMOT in erster Linie die sozialen Interessen der Arbeiterschaft vertreten will, bildet sie insofern eine Übergangsform zur politisch motivierten Dissidentenbewegung, als sie auch allgemein-politische Forderungen (z. B. Abschaffung des Paßsystems, Beseitigung der Zwangsarbeit, Kritik am sowjetischen Militarismus) geltend macht und ihre Führungsgruppe zum großen Teil aus Akademikern besteht. Trotz dieses qualitativen Wandels in der Arbeiteropposition und der möglichen Ansteckungsgefahr, die von der freien Gewerkschaftsbewegung in Polen seit dem August 1980 ausgehen könnte, sind auf dem XXVI. Parteitag keine Anzeichen dafür sichtbar geworden, daß die sowjetische Führung an ihrem überkommenen Standpunkt in der Gewerkschaftsfrage etwas ändern wollte. Es ist zwar bemerkenswert, daß Brežnev im Gegensatz zu seinem auf dem XXV. Parteitag 1976 gehaltenen Rechenschaftsbericht, in dem er die Produktionspropaganda als die wichtigste Aufgabe der Gewerkschaften hervorgehoben hatte, die Gewerkschaften diesmal deshalb kritisierte, weil sie ihre gesetzlichen Mitwirkungsrechte nicht entschieden genug wahrnähmen, doch der eigentlich zuständige Gewerkschaftschef, A. I. Šibaev, rückte in seinem Diskussionsbeitrag bei der Gewichtung der offiziellen Doppelfunktion der Gewerkschaften die Produktionspropaganda gegenüber der Interessenwahrnehmung in den Vordergrund und betonte die Abhängigkeit der Gewerkschaften von der Partei.

Die *politisch motivierte Dissidentenbewegung* ist seit Mitte der 60er Jahre zu einem festen Bestandteil der Sowjetgesellschaft geworden. Sie vollzog in den 70er Jahren den Übergang von spontan-individuellen Protestaktionen zum

---

[40] Vgl. hierzu K. Schlögel, Opposition sowjetischer Arbeiter heute, Bericht Nr. 1/1981 des Bundesinstituts für ostwissenschaftliche und internationale Studien, Köln, wo auf S. 18 ff. die in den 60er und 70er Jahren bekanntgewordenen Fälle aufgeführt sind.

organisierten Dissidententum, dessen Gruppierungen freilich recht unterschiedliche Vorstellungen hegen. Im westlichen Schrifttum[41] wie von Angehörigen der Dissidentenbewegung selbst[42] sind verschiedentlich Versuche unternommen worden, einzelne Strömungen nach ihrer Weltanschauung oder Programmatik zu unterscheiden. Bei aller Heterogenität der politischen Vorstellungen und der daraus folgenden Schwierigkeit einer Typenbildung wird man wohl sagen können, daß den liberalen und christlich-nationalen Kräften das größte Gewicht zukommt, während die Anziehungskraft der reformkommunistisch-sozialistischen Vorstellungen mit den schwindenden Hoffnungen auf eine Reformierbarkeit des Sowjetsystems nachgelassen hat. Entscheidender als die ideologischen Unterschiede ist die Tatsache, daß die ursprünglichen politischen Meinungsverschiedenheiten im Laufe der 70er Jahre immer mehr einem gemeinsamen Nenner gewichen sind: der Verteidigung der Menschen- und Bürgerrechte. Auf diese Weise ist die Dissidentenbewegung in zunehmendem Maße zu einer Bürgerrechtsbewegung geworden, deren erste Ansätze sich in der Gründung der „Initiativgruppe zum Schutze der Menschenrechte" (Mai 1969) und des „Menschenrechtskomitees" (November 1970) bemerkbar gemacht hatten. Zu diesem Wandel haben die Internationalisierung der Menschenrechtsfrage und namentlich die KSZE-Schlußakte von Helsinki maßgeblich beigetragen. Beginnend mit Moskau im Mai 1976 sind in zahlreichen Städten Helsinki-Gruppen entstanden, die sich die Erfassung und Publikation von Menschenrechtsverletzungen in der Sowjetunion zum Ziel gesetzt haben. Für die Methoden der Bürgerrechtsbewegung ist das Streben nach Publizität und Legalität charakteristisch, was sie freilich keineswegs vor rechtswidrigen Verfolgungsmaßnahmen eines totalitären Regimes schützt[43]. Im übrigen reagiert die Sowjetmacht mit wechselnder Härte auf die Dissidentenbewegung, wobei sich die Perioden Sommer 1965/März 1967, 1968/1969, 1972/1973, Dez. 1976/Sommer 1977 und seit 1979 durch besonders intensive Verfolgungsaktionen auszeichnen. Dem KGB ist es durch zunehmende Brutalisierung der politischen Verfolgung gelungen, der Dissidentenbewegung empfindliche Verluste zuzufügen und

---

[41] B. Lewytzkyj, Politische Opposition in der Sowjetunion 1960-1972, München, 2. Aufl. 1973, S. 53 ff.; R. L. Tökés (Hrsg.), Dissent in the USSR, Baltimore/Md. 1975, S. 11 ff.; F. J. M. Feldbrugge, Samizdat and Political Dissent in the Soviet Union, Leiden 1975, S. 28 ff.; G. Brunner (Anm. 31), Bd. I, S. 96 ff.; H. Brahm, Die sowjetischen Dissidenten, in: Die Sowjetunion heute, Berlin 1981, S. 77 ff. (82 ff.).

[42] A. A. Amalrik, Kann die Sowjetunion das Jahr 1984 erleben?, Zürich 1970, S. 13 ff.; ders., Ideologies in Soviet Society, Survey 1976 (Bd. 22), Nr. 2, S. 1 ff.; R. A. Medwedjew, Sowjetbürger in Opposition, Düsseldorf 1973, S. 73 ff.; ders., Aufzeichnungen aus dem sowjetischen Untergrund, Hamburg 1977, S. 18; Ju. Glazov, Tesnye vorata, London 1973, S. 254.

[43] Zur Rechtswidrigkeit der angewandten Verfolgungsmethoden vgl. Ch. Osakwe, Due Process of Law and Civil Rights Cases in the Soviet Union, in: D. D. Barry — G. Ginsburgs — P. B. Maggs (Hrsg.), Soviet Law after Stalin, Bd. I, Leiden 1977, S. 179 ff. (209 ff.).

eine Stimmung der Resignation und des Pessimismus aufkommen zu lassen. Es ist ihm jedoch nicht gelungen, die Dissidentenbewegung zu vernichten, wovon die 300-500 Samizdat-Veröffentlichungen in einem Gesamtumfang von 2 000-4 000 Seiten beredtes Zeugnis ablegen, die jährlich in den Westen gelangen[44]. Das Sowjetregime wird auf absehbare Zeit mit dem Dissidententum leben, wenn auch keine existentiellen Gefahren von ihm befürchten müssen. Daß die politische Dissidenz keine Systemgefährdung darstellt, findet in ihrer sozialen Schwäche eine Erklärung: der Kreis der aktiven Dissidenten ist im wesentlichen auf Angehörige der Intelligenz beschränkt geblieben, der Durchbruch zu den breiten Massen der Bevölkerung ist nicht gelungen.

Anders liegen die Dinge bei der *religiös motivierten Opposition*, die zumindest insofern über eine potentielle Massenbasis verfügt, als eine Glaubensbereitschaft bei vielen Sowjetbürgern aus allen Schichten anzutreffen sein dürfte. Freilich ist die Religionsausübung, namentlich im Rahmen der Russisch-Orthodoxen Kirche, innerhalb enger Grenzen gestattet. Mit dem Begriff „religiöse Opposition" können nur die nicht zugelassenen oder gar ausdrücklich verbotenen Religionsgemeinschaften in Verbindung gebracht werden: Zeugen Jehovas, Pfingstler, Wahre Orthodoxe Christen, Wahre Orthodoxe Kirche, Adventisten-Reformisten, Baptisten-Initiativniki usw. Bei diesen „Sekten" handelt es sich nicht um organisierte Gruppen, die aktiv um ihre Religionsfreiheit kämpfen, sondern um Gläubige, die ihre Religion und eine vielfach spezifische Lebensweise trotz aller Verbote pflegen. Sie werden vom Sowjetregime besonders unnachgiebig verfolgt, und mehr als die Hälfte der politischen Gefangenen dürfte ihrem Kreis angehören[45]. Über die herkömmlichen „Sekten" hinaus sind neuerdings auch Organisationen entstanden, die mit der politischen Dissidentenbewegung in engerer Verbindung stehen. Zu nennen sind vor allem das „Christliche Seminar über Probleme der religiösen Erneuerung" (1974), das „Christliche Komitee zur Verteidigung der Rechte der Gläubigen" (Dezember 1976) und das „Katholische Komitee für die Verteidigung der Rechte der Gläubigen in der UdSSR" (November 1978). All diese Neugründungen haben mit der neueren Bürgerrechtsbewegung in Gestalt der Menschenrechte einen gemeinsamen Berührungspunkt, zu denen ja auch die Religionsfreiheit gehört.

Noch größer ist die Massenbasis der *national motivierten Autonomiebestrebungen*, deren Ziele und Eigenarten im einzelnen recht verschieden sind. Ihr gemeinsamer Nenner, den sie auch mit der Bürgerrechtsbewegung teilen, ist das Selbstbestimmungsrecht der Völker. Die nationalen Oppositionsbewegungen können je nachdem in zwei große Gruppen unterteilt werden, ob ihre

---

[44] P. Hübner, Die politisch-gesellschaftliche Relevanz der Dissidenten, in: Sowjetunion 1978/79, München 1979, S. 105 ff. (107).
[45] C. Lubarsky (Anm. 39), S. 925.

Träger über eine formal autonome Gebietseinheit verfügen oder regional entwurzelte und auch formal entrechtete Nationalitäten sind. Die regionalen Schwerpunkte der erstgenannten Gruppe bilden das Baltikum, die Ukraine und der Kaukasus. Im Baltikum sind es die Litauer, die sich am frühesten und zur stärksten nationalen Oppositionsbewegung formiert haben. Den Kristallisationspunkt ihres Widerstandes bildet die Katholische Kirche. Wegen der Verbindung politischer, religiöser und nationaler Anliegen ist die soziale Basis der litauischen Autonomiebestrebungen sehr breit. Die polnische Reformbewegung muß die sowjetische Führung gerade im Hinblick auf Litauen mit besonderer Sorge erfüllen, denn die beiden Nachbarvölker sind durch die gemeinsame katholische Religion und traditionell-historische Bande miteinander verbunden. Es ist deshalb gewiß kein Zufall, wenn auf dem XXVI. Parteitag der litauische Parteichef Griškiavičius der einzige Diskussionsredner war, der das Polen-Problem offen ansprach und dem Nachbarland „brüderliche Hilfe" androhte. Neben Litauen ist neuerdings Estland in den Mittelpunkt des westlichen Interesses gerückt. Die Universität Tartu war schon immer etwas unruhig, aber zu landesweiten studentischen Massendemonstrationen, bei denen die Unabhängigkeit Estlands und der Abzug aller Sowjettruppen verlangt wurden, ist es erstmals im Oktober 1980 gekommen. Sie wurden vom KGB im Dezember mit einer großangelegten Verfolgungsaktion gegen alle estnischen Dissidenten beantwortet. Über die Situation in Lettland ist demgegenüber im Westen bislang nur wenig bekannt. Die ukrainischen Autonomiebestrebungen, die in der Westukraine am stärksten sind, werden aus heterogenen Quellen gespeist. Sie sind mit der Bürgerrechtsbewegung eng verbunden und richten sich in erster Linie auf eine echte kulturelle Autonomie, den Gebrauch der Muttersprache, die Besinnung auf die ukrainische Nationalgeschichte und gegen die russische Überfremdung. Im Kaukasus bildet Armenien, wo seit 1966/67 eine „Vereinigte Nationale Partei" im Untergrund tätig ist, den Schwerpunkt der nationalen Opposition, aber auch in Georgien äußert sich das Nationalbewußtsein in auffälligen Formen. So kam es in der georgischen Hauptstadt Tiflis am 14. April 1978 anläßlich der Verfassunggebung zu Massendemonstrationen, als bekannt wurde, daß die traditionelle Verfassungsbestimmung, nach der Georgisch die „Staatssprache" sei, gestrichen werden sollte; aus gleichem Anlaß ereigneten sich in Armenien Unruhen. Die Parteiführung mußte sich dem Widerstand mit dem Ergebnis beugen, daß die drei transkaukasischen Republiken nach wie vor die einzigen Unionsrepubliken sind, deren Verfassung eine „Staatssprache" kennt. Von den regional entwurzelten und diskriminierten Nationalitäten kämpfen die Krimtataren seit zwei Jahrzehnten geschlossen und verbissen um ihre Rückkehr auf die Krim und die Wiederherstellung ihrer 1943/44 liquidierten Autonomen Republik. Trotz einer 1967 erfolgten Teilrehabilitierung ist ihnen jeder Erfolg versagt geblieben. Erfolgreicher verlaufen die Auswanderungsbewegungen der Juden und der Deutschen, wenn auch die Genehmigungspraxis der sowjetischen Behörden schwankend und kaum berechenbar ist. Im übrigen werden die nationalen Dissidenten mit besonderer Schärfe verfolgt, was u. a. an dem überproportional hohen Anteil der Ukrainer, Litauer, Krimtataren, Juden und anderen Nationalitäten an den politischen Häftlingen ersichtlich ist[46].

IV. Nationalitätenpolitik

Brežnev hat auf dem XXVI. Parteitag zu Recht darauf hingewiesen, daß auf dem Gebiet der nationalen Beziehungen nicht alle Fragen gelöst seien und die Partei diesen Problemen ihre besondere Aufmerksamkeit widmen müsse. Noch genauer wäre es gewesen, wenn er gesagt hätte, daß die Nationalitätenprobleme der Sowjetunion groß sind und mit Sicherheit wachsen werden. Die sowjetische Führung sieht sich auf diesem Gebiet der Innenpolitik mit wenig ermutigenden *Entwicklungstendenzen* konfrontiert. Wie bereits ausgeführt, sind in den *entwickelten Regionen* der Sowjetunion die Autonomie- oder gar Unabhängigkeitsbestrebungen der nichtrussischen Völker im Wachstum begriffen. In den *rückständigen Regionen,* namentlich im zentralasiatischen Raum ist die Lage einstweilen noch relativ ruhig, aber die nationalen Spannungen sind bereits vorprogrammiert[47]. Im Laufe der Zeit haben sich hier nationale Eliten herausgebildet, die zwar meist schlechter ausgebildet sind als die Russen, aber in ihrer Republik bevorzugt werden. Sie verdanken ihre besseren Aufstiegschancen dem Sowjetsystem, und dies bürgt für eine gewisse Loyalität. Auf der anderen Seite ist der zentralasiatische Raum rückständig und findet bei allen Anstrengungen keinen Anschluß an die russische Entwicklung. Aus dem sich verschärfenden Widerspruch zwischen ökonomischer Rückständigkeit und Bildungswachstum müssen zwangsläufig Spannungen entstehen, die noch einige Sorgen bereiten werden. Schließlich muß die *demographische Entwicklung* als besorgniserregend empfunden werden. Wie die Ergebnisse der Volkszählung von 1979 zeigen, macht das Hegemonialvolk der Russen nur wenig mehr als die Hälfte der Gesamtbe-

---

[46] Nach den Ermittlungen von B. Lewytzkyj (Anm. 41), S. 41 (für 1972/73 persönliche Auskunft), befanden sich unter den 535 Personen, die in der Zeit 1960-1973 aus politischen Gründen verurteilt worden sind und deren Nationalität bekannt ist, 203 Ukrainer (37,9%), 119 Krimtataren (22,2%), 95 Juden (17,7%), aber nur 33 Russen (6%). C. Lubarsky (Anm. 39), S. 927, schätzt, daß sich die Insassen der Lager für politische Häftlinge zu 36% aus Ukrainern (Bevölkerungsanteil 16,2%), zu 20% aus Litauern (Bevölkerungsanteil 1,1%) und zu 27% aus Russen (Bevölkerungsanteil 52,4%) zusammensetzen.

[47] Hierauf weist zu Recht G. Simon, Die nichtrussischen Völker als Elemente des Wandels in der sowjetischen Gesellschaft, in: Die Sowjetunion heute, Berlin 1981, S. 65 ff. (68) hin. Zum neuesten Stand des ganzen Nationalitätenkomplexes anhand der Volkszählung von 1979 vgl. im übrigen G. Simon, Russen und Nichtrussen in der UdSSR, Bericht Nr. 11/1981 des Bundesinstituts für ostwissenschaftliche und internationale Studien, Köln.

völkerung aus, und sein Anteil nimmt kontinuierlich ab. Das gleiche gilt für die beiden anderen ostslawischen Völker der Ukrainer und Weißrussen. Demgegenüber nimmt der Anteil der islamischen Turkvölker ständig zu. Sie haben sich in den vergangenen zwei Jahrzehnten um 75,2% vermehrt, während das Wachstum der Ostslawen nur 18,8% betrug. Die Einzelheiten der Entwicklung mögen der folgenden Übersicht entnommen werden, die den prozentualen Anteil der einzelnen Nationalitätengruppen bei den letzten drei Volkszählungen angibt[48]:

	1959	1970	1979
Russen	54,7	53,4	52,4
Ostslawen (Russen, Ukrainer, Weißrussen)	76,3	74,0	72,2
islamische Turkvölker	10,1	12,4	14,1
Turkvölker	11,1	13,4	15,1
islamische Völker	11,6	14,3	16,4
Armenier, Georgier	2,6	2,8	2,9
Balten (Litauer, Letten, Esten)	2,3	2,1	2,0

Welche *Maßnahmen* ergreift nun die sowjetische Führung, um mit den Nationalitätenproblemen fertigzuwerden?

Zunächst betreibt sie innerhalb bestimmter Grenzen eine *antinationalistische Propaganda*. Die flexiblen Grenzen werden durch das ideologische Konzept des „Sowjetvolkes" (sovetskij narod) angedeutet, das Brežnev erfunden und auf dem XXIV. Parteitag 1971 erstmals vorgetragen hat. Beim „Sowjetvolk" soll es sich um eine neuartige Menschengemeinschaft handeln, die im Zuge des sozialistischen Aufbaus als Ergebnis eines qualitativ neuen Annäherungsprozesses entstanden sei. Die Annäherung hat zwei Aspekte, die im Verlauf der 70er Jahre unterschiedlich akzentuiert worden sind. Ursprünglich stand der ethnische Faktor im Vordergrund, was letztlich auf eine Assimilierung der nichtrussischen Völker hinauslaufen würde. Seit der Verfassungsrede Brežnevs vor dem Obersten Sowjet am 4. Oktober 1977 wird der soziale Aspekt stärker betont, wonach die soziale Homogenität aller Nationalitäten der entscheidende Gesichtspunkt des Annäherungsprozesses ist. In diesem Sinne wird heute von einer „neuen sozialen und internationalen Menschengemeinschaft" gesprochen, die den nichtrussischen Völkern einen gewissen kulturellen Spielraum beläßt. Brežnev sprach auf dem XXVI. Parteitag den Nationalitäten das Recht einer angemessenen Repräsentation in ihren Partei- und Staatsorganen zu, wenn er auch hinzufügte, daß dies selbstverständlich unter Berücksichtigung der fachlichen und ideologischen Qualifikationen des Einzelnen gelte. Diese Bemerkung weist auf die

---
[48] Errechnet nach Narodnoe Chozjajstvo SSSR 1979, S. 29 ff.

personalpolitische Konzeption hin, die nationalen Eliten namentlich der rückständigen Gebiete in dem räumlich begrenzten Rahmen ihrer Republik zu fördern, um auf diese Weise eine der Zentralmacht und dem Sowjetsystem treu ergebene und von ihnen existentiell abhängige Schicht von Unterführern heranzuziehen.

Im Gegensatz zur zentristisch-ausgleichenden ideologischen Linie wird mittels der *Sprachenpolitik* eine massive *Russifizierung* betrieben, die unter anderem in der Ukraine auf den Widerstand der Intelligenz, aber auch von Teilen der einheimischen Staats- und Parteifunktionäre stößt. Mit der Sprachenpolitik werden hauptsächlich zwei Ziele verfolgt. Erstens soll Russisch überall zur zweiten Muttersprache werden. Dies wird vor allem durch eine Verbesserung und Intensivierung des Russischunterrichts angestrebt. In diesem Zusammenhang sind eine unveröffentlichte Verordnung des Ministerrats der UdSSR vom 17. 10. 1978 und eine wissenschaftlich-theoretische Konferenz zum Thema „Die russische Sprache — die Sprache der Freundschaft und Zusammenarbeit der Völker", die im Mai 1979 in Taschkent stattfand, von Bedeutung, als deren Folge Russisch schon in den vorschulischen Einrichtungen unterrichtet und in den Mittelschulen die Anzahl der Russischstunden erhöht und die Unterrichtsmethodik verbessert werden soll. Zweitens wird eine funktionale Reduktion der nichtrussischen Sprachen angestrebt. Die Landessprachen sollen namentlich aus der Wissenschaft verdrängt und nach Möglichkeit zu regionalen Umgangssprachen herabgedrückt werden. Obwohl dieser Sprachenpolitik gewisse Erfolge nicht abzusprechen sind, wird durch sie zugleich auch der Geist des nationalen Widerstandes belebt. Dies hat sich anläßlich der erwähnten Massendemonstrationen im April 1978 im Zusammenhang mit der beabsichtigten Abschaffung der „Staatssprachen" in den Verfassungen der drei trauskaukasischen Republiken nachhaltig erwiesen. Man wird freilich zu differenzieren haben. Auf der anderen Seite ist in den zur gleichen Zeit verabschiedeten Republiksverfassungen Kasachstans, Weißrußlands und der Moldau neben den allgemein üblichen Republiks- und Regionalsprachen hinaus auch Russisch als Gerichtssprache vorgesehen. Dies zeigt an, daß in diesen drei Republiken die Russifizierung besonders weit fortgeschritten ist.

Schließlich ist die fortschreitende Russifizierung auch das Ergebnis einer *Migration,* die durch wirtschaftliche Anreize gefördert wird. Es ist zu beobachten, daß immer mehr Fachkräfte — vor allem russische — in andere Unionsrepubliken übersiedeln, wodurch ethnische Gemengelagen mit neuen Problemen entstehen. Auf sie hat auch Brežnev ausdrücklich hingewiesen, wobei er wohl in erster Linie die russische Wanderungsbewegung als Vehikel einer „natürlichen" Russifizierung im Auge hatte, als er davon sprach, daß die fremdnationalen Sowjetbürger ihre spezifischen Bedürfnisse in bezug auf Sprache, Kultur und Lebensweise hätten, um die sich die nationalen Parteiorganisationen kümmern müßten. Allerdings ist bei der Bewertung dieser Entwicklung genauer zu differenzieren. Während der russische Anteil an der jeweiligen Bevölkerung in der Ukraine, in Weißrußland, dem Baltikum und der Moldau wächst, werden in Zentralasien und den transkaukasischen Republiken die Migrationsgewinne durch das Wachstum der einheimischen Bevölkerung übertroffen.

V. Rechtspolitik

Der Ausbau der Rechtsordnung ist seit Chruščev ein wichtiges Anliegen der sowjetischen Führung. In den 70er Jahren sind drei qualitativ neue *rechtspolitische Projekte* in Angriff genommen und teilweise zum Abschluß gebracht worden: 1. die Verabschiedung einer neuen Sowjetverfassung, 2. ein auf 5 Jahre angelegtes Gesetzgebungsprogramm, 3. die Herausgabe einer umfassenden Gesetzessammlung. Inhaltlich sind allerdings all diese Projekte wenig aufregend. Anders als zu Chruščevs Zeiten geht es bei ihnen weniger um echte Rechtsreformen im materiellen Sinne als um eine Rechtsbereinigung, die einem obrigkeitlich motivierten Ordnungsbedürfnis dienen und größere Rechtsklarheit schaffen soll. Es wäre deshalb voreilig, von rechtsstaatlichen Entwicklungstendenzen sprechen zu wollen, es sei denn, man beschränkte den Rechtsstaatsbegriff auf rein formale Kriterien.

Die von Chruščev schon 1959 angekündigte *neue Sowjetverfassung,* die an die Stelle der stalinistischen Verfassung von 1936 treten sollte, ist vom Obersten Sowjet der UdSSR am 7. Oktober 1977 verabschiedet worden[49]. Nach der anhaltenden und nur von unverbindlichen Andeutungen gelegentlich unterbrochenen Stille, die sie umgeben hatte, kam die Verfassungsreform plötzlich und überraschend. Ihr waren offenbar ernsthaftere Auseinandersetzungen in der sowjetischen Führungsspitze vorangegangen, die erst im Mai 1977 in Brežnevs Sinne abgeschlossen werden konnten, als das Staatsoberhaupt N. V. Podgornyj aus dem Politbüro ausgeschlossen und wenig später als Vorsitzender des Präsidiums des Obersten Sowjets der UdSSR durch Parteichef Brežnev ersetzt wurde. Der neuen Sowjetverfassung sind im westlichen Schrifttum zahlreiche Untersuchungen gewidmet worden, auf die an dieser Stelle verwiesen werden kann[50].

---
[49] VVS SSSR 1977, Nr. 41, Art. 617.
[50] Vgl.u. a. die Beiträge von B. Meissner, K. C. Thalheim, O. Luchterhandt und K. Westen in Heft 1/1978 von „Osteuropa"; die Beiträge von B. Meissner, A. Bilinsky, O. Luchterhandt, A. Uschakow, H.-J. Uibopuu, G. Brunner, L. Schulz, M. Fincke, K. Westen, S. Lammich und D. Frenzke in Heft 1-2/1978 von „Osteuropa-Recht"; Y. Luryi, The New Constitution of the USSR, in: D. D. Barry — G. Ginsburgs — P. B. Maggs (Hrsg.), Soviet Law after Stalin, Bd. II, Alphen aan den Rijn 1978, S. 35 f.; E. Schneider, Breschnews neue Sowjetverfassung, Stuttgart 1978; B. Meissner, Die neue Bundesverfassung der UdSSR, Jahrbuch des Öffentlichen Rechts 1978 (NF Bd. 27), S. 321 ff.; P. Biscaretti di Ruffìa —

Die Anpassung der sowjetischen Rechtsordnung an die neue Sowjetverfassung ist eine notwendige Folge der Verfassunggebung von 1977. Zu diesem Zweck beschloß das Präsidium des Obersten Sowjets der UdSSR am 12. Dezember ein auf 5 Jahre angelegtes *Gesetzgebungsprogramm*[51], das vom Ministerrat am 30. Dezember 1977 weiter konkretisiert wurde[52]. Zieht man eine Bilanz seiner Durchführung[53], so ist festzustellen, daß der Zeitplan im großen und ganzen, aber nicht durchweg eingehalten wurde. Bis zum XXVI. Parteitag sollten 21 der 22 geplanten Gesetzgebungsakte verabschiedet werden. Tatsächlich sind nur 17 Rechtsnormen zustande gekommen:

Verwirklichung des Gesetzgebungsprogramms 1978/82

Gesetzgebungsakt	Zeitpunkt der Verabschiedung	
	geplant	tatsächlich
1. Erlaß über das Verfahren der Übergabe von Betrieben und Vereinigungen von republikanischer und örtlicher Unterstellung an die Union	Juni 1978	08.06.1978
2. Gesetz über den Ministerrat der UdSSR	Juni 1978	05.07.1978
3. Gesetz über das Verfahren des Abschlusses, der Durchführung und der Kündigung völkerrechtlicher Verträge	April 1978	06.07.1978
4. Gesetz über die Wahlen zum Obersten Sowjet der UdSSR	Juli 1978	06.07.1978
5. Gesetz über die Staatsbürgerschaft der UdSSR	Okt. 1978	01.12.1978
6. Geschäftsordnung des Obersten Sowjets der UdSSR	Febr. 1979	19.04.1979
7. Allgemeine Ordnung über Orden, Medaillen und Ehrenzeichen	Juli 1979	03.07.1979
8. Gesetz über die Volkskontrolle in der UdSSR	Nov. 1978	30.11.1979
9. Gesetz über das Oberste Gericht der UdSSR	März 1979	30.11.1979
10. Gesetz über die Staatsanwaltschaft der UdSSR	März 1979	30.11.1979

G. Crespi Reghizzi, La Costituzione Sovietica del 1977, Milano 1979; G. Brunner, Die neue Verfassung, in: Sowjetunion 1978/79, München 1979, S. 58 ff., P. u. M. Lavigne, Regards sur la Constitution soviétique de 1977, Paris 1979.

[51] VVS SSSR 1977, Nr. 51, Art. 764.
[52] SP SSSR 1978, Nr. 2, Art. 8.
[53] Vgl. hierzu G. Brunner, Die neue Sowjetverfassung und ihre Auswirkungen auf die Rechtsordnung, in: Die Sowjetunion heute, Berlin 1981, S. 37 ff.

Gesetzgebungsakt	Zeitpunkt der Verabschiedung	
	geplant	tatsächlich
11. Gesetz über die Staatliche Arbitrage in der UdSSR	Dez. 1978	30.11.1979
12. Gesetz über die Rechtsanwaltschaft in der UdSSR	März 1979	30.11.1979
13. Gesetz über die grundlegenden Befugnisse der Gau- und Gebietssowjets der Volksdeputierten, der Sowjets der Volksdeputierten der autonomen Gebiete und autonomen Kreise	April 1979	25.06.1980
14. Gesetz über den Schutz der Luft	Nov. 1979	25.06.1980
15. Gesetz über den Schutz der Nutzung der Tierwelt	Nov. 1979	25.06.1980
16. Erlaß über die Organisation der Arbeit mit den Wähleraufträgen	Okt. 1979	01.09.1980
17. Grundlagen der Gesetzgebung der Union der SSR und der Unionsrepubliken über Ordnungswidrigkeiten	Mai 1979	23.10.1980

Nach dem Parteitag sind bis zur Jahresmitte 1981 noch zwei weitere Rechtsakte verabschiedet worden

18. Erlaß über den Ersatz des Schadens, der einem Bürger durch ungesetzliche Handlungen staatlicher und gesellschaftlicher Organisationen sowie Amtspersonen bei Erfüllung ihrer Dienstpflichten zugefügt worden ist; mit anliegender Ordnung über das Verfahren des Ersatzes des Schadens, der einem Bürger durch ungesetzliche Handlungen von Organen der Ermittlung, der Voruntersuchung, der Staatsanwaltschaft und des Gerichts zugefügt worden ist	Dez. 1980	18.05.1981
19. Grundlagen der Wohnungsgesetzgebung der Union der SSR und der Unionsrepubliken	Dez. 1979	24.06.1981

Die drei Materien, deren Neuregelung gegenwärtig noch aussteht, sind die Rechtsstellung der Arbeitskollektive (Plan: Okt. 1979), der gerichtliche Verwaltungsrechtsschutz (Plan: Dez. 1980) und das Referendum (Plan: Dez. 1982). An sie sowie an die beiden seither erlassenen Rechtsnormen möchte

Brežnev gedacht haben, als er in seinem Rechenschaftsbericht die Verwirklichung der verfassungsmäßigen Rechte der Bürger und der gesellschaftlichen Organisationen als eine der Hauptrichtungen der bevorstehenden Gesetzgebungstätigkeit bezeichnete. Die Regelungen über die Rechtsstellung der Arbeitskollektive und den gerichtlichen Verwaltungsrechtsschutz, mit denen der Gesetzgeber in Verzug geraten ist, können mit einiger Spannung erwartet werden, da sie politisch wie rechtsstaatlich sensitive Materien betreffen. Bei den „Arbeitskollektiven", die in Art. 8 der neuen Sowjetverfassung besonders hervorgehoben worden sind, handelt es sich um die Belegschaften von Betrieben, denen die Mitbestimmung bislang versagt ist[54]; anläßlich der geplanten Neuregelung müßte zur betrieblichen Mitbestimmung einiges gesagt werden. Der formelle Grundrechtsstatus der Bürger, der in Art. 58 der Verfassung eine bedeutsame Absicherung erfahren hat[55], ist von der gesetzgeberischen Ausgestaltung des gerichtlichen Verwaltungsrechtsschutzes maßgeblich betroffen, da es hierbei um die Frage geht, ob den Sowjetbürgern tatsächlich weitergehende Möglichkeiten eingeräumt werden, ihre Rechte gegenüber dem Staat einigermaßen wirksam durchsetzen zu können. In diesen Zusammenhang gehört auch die im Mai 1981 erfolgte partielle Neuregelung der Staatshaftung, die eine empfindliche Lücke geschlossen hat[56]: durch sie ist ein Schadensersatzanspruch wegen unschuldig erlittener Kriminalstrafen, Untersuchungshaft und Verwaltungsstrafen eingeführt worden. Die Problematik des gerichtlichen Verwaltungsrechtsschutzes ist in der sowjetischen Rechtswissenschaft in den Jahren 1978/79 zunächst in einer durchaus erfreulichen und bürgerfreundlichen Atmosphäre diskutiert worden; die seither eingetretene Stille muß allerdings die Hoffnungen dämpfen. In inhaltlicher Hinsicht haben die bisher ergangenen Gesetzgebungsakte im übrigen nichts Neues erbracht. Von marginalen Änderungen abgesehen ist es in der Hauptsache um eine Systematisierung und Bereinigung des geltenden Rechtsstoffes gegangen, was unter dem Gesichtspunkt der Rechtsklarheit freilich zu begrüßen ist.

Ausschließlich diesem Zweck zu dienen ist der große Plan eines „*Svod Zakonov*", einer umfassenden Gesetzessammlung, bestimmt, die nach zaristischem Muster eine systematische Zusammenstellung des geltenden Rechts enthalten soll — in Anbetracht des raschen Wandels der Rechtsordnung (namentlich im Bereiche des Wirtschaftsrechts) ein wenig sinnvolles Unterfangen. Dieser schon seit längerer Zeit gehegte Plan hat durch die Verfassung

---

[54] Zum gegenwärtigen Stand der Dinge vgl. H.-H. Höhmann — G. Seidenstecher, Partizipation im System der administrativen Planwirtschaft von UdSSR und DDR, in: H.-H. Höhmann (Hrsg.), Partizipation und Wirtschaftsplanung in Osteuropa und der VR China, Stuttgart 1980, S. 9 ff. (19. ff.).

[55] Vgl. hierzu G. Brunner, Die Grundrechte, Osteuropa-Recht 1978, S. 70 ff. (77 ff.); ders. (Anm. 53), S. 48 ff.

[56] VVS SSSR 1981, Nr. 21, Art. 741.

Die sowjetische Innenpolitik vor und nach dem XXVI. Parteitag 51

von 1977 neue Impulse erhalten. Das Zentralkomitee der KPdSU, das Präsidium des Obersten Sowjets und der Ministerrat haben am 23. März 1978 Gliederung und Grundsätze des „Svod Zakonov" gebilligt[57], der im Zeitraum 1981-1985 fertiggestellt werden soll.

VI. Politische Führungsprobleme

Für die akuten politischen Führungsprobleme der Sowjetunion vermochte der XXVI. Parteitag keine Lösung zu finden. Die beiden *Führungsgremien* der Partei, das Politbüro und das ZK-Sekretariat mit dem Generalsekretär an der Spitze, sind zur allgemeinen Überraschung in unveränderter Zusammensetzung bestätigt worden. Die im Zuge der personellen Veränderungen der letzten Zeit erreichte Balance der verschiedenen Kräfte ist offenbar so prekär, daß man nicht daran zu rühren wagte. Nicht einmal zu solchen, nach sowjetischen Usancen unumgänglichen Begradigungsmaßnahmen mochte sich das Politbüro entschließen, wie die Kooptation des im Oktober 1980 zum Ersten Stellvertretenden Regierungschef beförderten I. V. Archipov es gewesen wäre.

Im Vorfeld des XXVI. Parteitages hat es allerdings einige *personelle Veränderungen* gegeben, die in ihrer Gesamtheit auf eine Stärkung der Vorrangstellung des Generalsekretärs Brežnev hinausliefen. Zu seinen größten Erfolgen zählt die Eliminierung von zwei Mitgliedern der ursprünglich fünf Personen umfassenden engeren Führungsspitze: Staatsoberhaupt N. V. Podgornyj wurde im Mai/Juni 1977 aller Ämter enthoben, und der inzwischen verstorbene Regierungschef A. N. Kosygin mußte im Oktober 1980 auf sein Amt an der Spitze des Staatsapparates verzichten. Auf diese Weise gehören neben dem 75jährigen Brežnev selbst nur noch die ZK-Sekretäre M. A. Suslov (geb. 1902) und A. P. Kirilenko (geb. 1906) dem engeren Führungskreis an. Die wichtigsten „Aufsteiger" sind auch nicht mehr die jüngsten, dafür aber Brežnev treu ergeben: K. U. Černenko, Leiter der wichtigen Allgemeinen Abteilung und seit März 1976 ZK-Sekretär, der im Oktober 1977 als Kandidat und im November 1978 als Vollmitglied ins Politbüro aufgestiegen ist, wurde 1911 geboren; N. A. Tichonov, der im Oktober 1980 die Nachfolge Kosygins als Regierungschef antrat, nachdem er im September 1976 Erster Stellvertretender Regierungschef, im November 1978 Kandidat und im November 1979 Vollmitglied des Politbüros geworden war, ist Jahrgang 1905. Als jugendlicher Senkrechtstarter kann nur der 1931 geborene Agronom und Jurist, M. S. Gorbačëv, bezeichnet werden, der im November 1978 von Stawropol nach Moskau geholt wurde, um den Platz des plötzlich verstorbenen, für Fragen der Landwirtschaft zuständigen ZK-Sekretärs

---
[57] VVS SSSR 1978, Nr. 15, Art. 239.

F. D. Kulakov einzunehmen, und kurz darauf als Kandidat (November 1979) und Vollmitglied (Oktober 1980) ins Politbüro aufgerückt ist. An der katastrophalen Überalterung der amtierenden Führungsmannschaft konnte diese Zufuhr frischen Blutes aber auch nichts ändern. Die folgende Tabelle mag die fortschreitende Entwicklung zur *Gerontokratie* verdeutlichen:

Durchschnittsalter der politischen Führungsgremien
(in Jahren)

	XXIV. Parteitag (April 1971)	XXV. Parteitag (März 1976)	XXVI. Parteitag (März 1981)
Politbüro	60,2	64,8	68,3
Mitglieder	61,1	66,4	69,7
Kandidaten	58,2	60,3	65,7
ZK-Sekretariat	59,2	63,6	68,7
Präsidium des Ministerrats	60,7	66,2	65,3

Allein an der auch relativ gesehen stark überalterten Spitze des Staatsapparats, im Präsidium des Ministerrats, hat sich der Vergreisungsprozeß nicht fortgesetzt. Dies ist die Folge des umfassenden Revirements, das nach dem Abgang Kosygins um die Jahreswende 1980/81 den ganzen Ministerrat erfaßt hat.

Die gleichen Erscheinungen der Stagnation und Überalterung lassen sich auch im *Zentralkomitee*, dem großen Integrationsforum der politischen Elite, beobachten: das Durchschnittsalter nimmt zu, die Sterbequote wächst und die Fluktuation ist gering:

Durchschnittsalter des Zentralkomitees
(in Jahren)

	1971	1976	1981
ZK insgesamt	55,6	58,5	60,9
Mitglieder	57,1	59,7	62,1
Kandidaten	53,2	56,2	58,1

Sterbequote im Zentralkomitee (in %)

	1966/71	1971/76	1976/81
ZK insgesamt	6,1	6,3	7,0
Mitglieder	4,6	6,6	8,0
Kandidaten	7,9	5,8	5,0

Fluktuation im Zentralkomitee (in %)

	1971	1976	1981
Anteil der alten ZK-Angehörigen (Mitglieder und Kandidaten) am neuen ZK	66,2	73,9	70,4
Anteil der wiedergewählten ZK-Angehörigen an den überlebenden Angehörigen des alten ZK	77,5	84,9	83,6
Anteil der neuen ZK-Angehörigen am neuen ZK	33,8	26,1	29,6

Immerhin kann an der letzten Tabelle abgelesen werden, daß die — absolut gesehen freilich geringe — Fluktuation auf dem XXVI. Parteitag etwas stärker war als fünf Jahre zuvor. Aus einer Zusammenschau mit den übrigen Tabellen ergibt sich, daß die personellen Bewegungen weniger auf eine verstärke Eliminierung alter Mitglieder und eine Aufnahme junger Mitglieder als auf die umfangreichere Kooptation neuer Mitglieder in fortgeschrittenerem Alter zurückzuführen sind. Diese Beobachtung lenkt den Blick auf die Veränderungen in der funktionalen Struktur des Zentralkomitees[58]. Hier fallen drei Tendenzen auf: 1. der Anteil der „Werktätigen" hat sich in Fortsetzung eines langfristigen Trends der Brežnev-Ära weiter erhöht: 1961 2,4%, 1966 3,6%, 1971 5,6%, 1976 4,5% und 1981 6,2%. Eine politische Bedeutung kommt dieser Entwicklung nicht zu. Sie widerspiegelt die Bemühungen Brežnevs, das ideologische Profil der Partei durch eine stärkere Brücksichtigung der Arbeiter und Bauern optisch aufzupolieren. 2. Die Repräsentation des Militärs hat merklich zugenommen, was um so auffallender ist, als es sich um die Umkehr einer bislang rückläufigen Entwicklung handelt. Läßt man die „Werktätigen" als machtpolitisch bedeutungslose Ornamente außer acht, so hat sich die Vertretungsquote der Armee im Zentralkomitee folgendermaßen entwickelt: 1961 9,6%, 1966 9,2%, 1971 8,8%, 1976 7,4% und 1981 8,2%. Es dürfte nicht verfehlt sein, diese Veränderung mit der neueren weltpolitischen Lage (z. B. Afghanistan, Polen) in Verbindung zu bringen und sie als ein Indiz für den stärkeren Einfluß des Militärs auf den politischen Entscheidungsprozeß zu werten. 3. Noch auffallender ist die starke Zunahme der Funktionäre des zentralen Parteiapparates, deren Anteil sich bei einer recht konstanten Vertretungsquote aller Parteifunktionäre von gut 45% folgende Entwicklung aufweist: 1961 10,9%, 1966 9,2%, 1971 9,4%, 1976 10,3% und 1981 12,5%. Neben den ZK-Sekretären, dem Vorsitzenden des Komitees für

---
[58] Für die Entwicklung seit 1956, vor welchem langfristigen Hintergrund die Entwicklungstendenzen noch klarer hervortreten, vgl. G. Brunner, Die soziologische Struktur der politischen Elite, in: B. Meissner — G. Brunner — R. Löwenthal (Hrsg.), Einparteisystem und bürokratische Herrschaft in der Sowjetunion, Köln (1978), S. 109 ff. (126 ff.).

Parteikontrolle und seinem Stellvertreter hat sich die Zahl der dem Zentralkomitee angehörenden Funktionäre des ZK-Apparates im Vergleich zum letzten Parteitag von 17 (5 Mitglieder, 12 Kandidaten) auf 31 (17 Mitglieder, 14 Kandidaten) fast verdoppelt. Unter ihnen befinden sich 4 persönliche „Gehilfen" Brežnevs, 16 Abteilungsleiter und 11 Stellvertretende Abteilungsleiter[59]. In diesen Zahlen widerspiegelt sich das zunehmende Gewicht der Parteibürokratie, das mit der Überalterung der politischen Führung zwangsläufig einhergeht. Je weniger Kraft die alten Herren im Kreml haben, um so mehr sind sie auf ihre Mitarbeiter angewiesen. Dies hat wiederum zur Folge, daß nur noch verwaltet, aber nicht mehr regiert wird.

VII. Ausblick

Die innenpolitische Szenerie der Sowjetunion ist nach wie vor dem XXVI. Parteitag durch Immobilismus und Erstarrung gekennzeichnet. Dies gilt in sachpolitischer wie personeller Hinsicht.

Der innenpolitischen Probleme gibt es genug, doch ist keine Lösung in Sicht. Die Politik des „Durchwurstelns" nimmt ihren Fortgang, aber auch die Probleme verschärfen sich zusehends. Die Ratlosigkeit der amtierenden Führung ist evident. Als mittelfristige Perspektive hat sie nur eine Demontage der programmatischen Zielvorstellungen anzupeilen gewußt. Dies gilt in erster Linie für die Wirtschafts- und Sozialpolitik, deren Ziele im 11. Fünfjahrplan bescheidener als zuvor, aber noch immer zu optimistisch ausgefallen sind; es ist mit Sicherheit anzunehmen, daß sie nicht erreicht werden. Dies gilt aber auch für die gesellschaftlich-ideologische Großperspektive. Die großspurige Zukunftsvision Chruščëvs, die im noch geltenden Parteiprogramm von 1961 ihren verbindlichen und unfehlbaren, weil von der Gesamtpartei abgesegneten Niederschlag gefunden hat, wird schon seit geraumer Zeit totgeschwiegen. An der vorhergesagten Schwelle zum Kommunismus soll sie nunmehr auch offiziell in das „Museum der Altertümer, neben das Spinnrad und die bronzene Axt" wandern. Der Parteitag hat beschlossen, daß das *Parteiprogramm* neugefaßt werde. Es soll kein gänzlich neues Programm erarbeitet, sondern das geltende revidiert werden, denn — so befand Brežnev — es „spiegelt die Gesetzmäßigkeiten der gesellschaftlichen Entwicklung insgesamt richtig wider". Natürlich soll das revidierte Programm die müden Vorstellungen der konturlosen Konzeption einer „entwickelten sozialistischen Gesellschaft"[60] in sich aufnehmen. Vor allem aber soll es — so der illegitime Vater dieser Idee[61] — nur die Hauptprinzipien festlegen, da es

---
[59] 1976 gehörten dem Zentralkomitee 3 „Gehilfen" Brežnevs, 9 Abteilungsleiter und 5 Stellvertretende Abteilungsleiter an.

[60] Vgl. hierzu knapp und treffend W. Leonhard, Kommunistische Diskussionen über Sozialismus-Modelle, Osteuropa 1978, S. 101 ff.

Die sowjetische Innenpolitik vor und nach dem XXVI. Parteitag 55

unmöglich und unangebracht sei, Einzelheiten der künftigen Entwicklung vorhersehen zu wollen. Dies bedeutet, daß der durch Zeitablauf überholte Terminplan Chruščěvs (Überholen der USA in der Pro-Kopf-Produktion bis 1970, Errichtung der materiell-technischen Basis des Kommunismus bis 1980) sowie andere ideologische Narreteien und irreale Versprechungen aus dem Programm entfernt werden sollen.

Das Zentralkomitee ist vom XXVI. Parteitag beauftragt worden, die Revision des Programms vorzubereiten und dem nächsten Parteitag die Neufassung vorzulegen. Ob allerdings die gegenwärtige politische Führung das Jahr 1986 erleben und der XXVII. Parteitag keine größeren Sorgen als die Neufasung des Programms haben wird, mag bezweifelt werden. Unter den 14 Vollmitgliedern des amtierenden Politbüros gibt es nur drei, die zu diesem Zeitpunkt ihr 70. Lebensjahr nicht werden überschritten haben, doch scheinen sie nach allen erwägenswerten Kriterien[62] für das oberste Führungsamt kaum prädestiniert zu sein: 1. der ukrainische Parteichef V. V. Ščerbickij (geb. 1918) hat einen zu regionalen „background"; er ist ukrainischer Nationalität und hat seine gesamte Karriere im ukrainischen Parteiapparat zurückgelegt; der Sprung nach Moskau ist ihm nicht gelungen, was aber Voraussetzung für eine Anwartschaft auf das höchst politische Führungsamt wäre; 2. ähnliches gilt für den 1923 geborenen Parteichef des Gebiets Leningrad G. V. Romanov (nomen est omen!), der zwar Russe ist, aber in seinem ganzen Werdegang mit der Leningrader Region verbunden ist und ebenfalls keinen Einlaß in die Moskauer Zentrale gefunden hat; 3. der junge ZK-Sekretär M. S. Gorbačěv (geb. 1931) ist erst seit November 1978 in der Moskauer Parteizentrale tätig; vorher war er ausschließlich im Gau Stawropol als Komsomol- und Parteifunktionär, seit 1970 als 1. Parteisekretär, tätig und ist in der Zentrale für den kritischen Bereich der Landwirtschaft zuständig, in dem es kaum Lorbeeren zu ernten gibt; für ein endgültiges Urteil ist es aber noch zu früh an der Zeit. Von den 8 Kandidaten des Politbüros sind zwar fünf nach 1916 geboren, doch vier von ihnen sind nichtrussischer Nationalität und residieren als Republikparteichefs in der fernen Provinz: der Usbeke Š. R. Rašidov (geb. 1917) in Taschkent, der Weißrusse T. Ja. Kiselëv

---

[61] Breznev hat mit der „entwickelten sozialistischen Gesellschaft" im Grunde die Konzeption W. Ulbrichts von dem „entwickelten gesellschaftlichen System des Sozialismus" als relativ eigenständiger Phase beim Aufbau des Kommunismus rezipiert, die er ihm seinerzeit übelgenommen hatte.

[62] W. Leonhard, Am Vorabend einer neuen Revolution?, München 1975, S. 154, hat für einen möglichen Nachfolger Brežnevs folgende Mindestanforderungen postuliert: Der Anwärter sollte 1. Vollmitglied des Politbüros sein, 2. das 60. Lebensjahr möglichst nicht überschritten haben, 3. einem ostslawischen Volk angehören (Russe, Ukrainer, Weißrusse), 4. ein „Generalist" sein, der vorwiegend im Parteiapparat tätig war, es mit Wirtschaftsfragen zu tun hatte und auch eine gewisse Erfahrung in außenpolitischen Fragen mit sich bringt und 5. keine besondere „Machtsäule" (Armee, Sicherheitsorgane, auswärtiger Dienst) repräsentieren. Es wäre hinzuzufügen, daß der Anwärter eine gewisse Zeit in der Moskauer Zentrale tätig gewesen sein soll.

(geb. 1917) in Minsk, der Aserbeidschaner und professionelle Geheimpolizist G. A. Aliev (geb. 1923) in Baku und der Georgier E. A. Ševardnadze in Tiflis. Der fünfte im Bunde ist der Russe P. N. Demičev (geb. 1918), der den Höhepunkt seiner politischen Karriere längst überschritten zu haben scheint: er wurde 1961 ZK-Sekretär und 1964 Politbüro-Kandidat, doch 1974 mußte er sein Hauptamt im ZK-Apparat für den minderwertigeren Posten des Kulturministers der UdSSR eintauschen, mit dem üblicherweise kein Sitz im Politbüro verbunden ist. Aus dem Kreise der ZK-Sekretäre, die nicht dem Politbüro angehören, ist schließlich auf V. I. Dolgich (geb. 1924) hinzuweisen, der dort seit 1972 für die Schwer- und Rüstungsindustrie zuständig ist und eigentlich Zeit genug gehabt hätte, sich in das Politbüro hochzuarbeiten. Die gebotene Auswahl ist wenig überzeugend; das Nachfolgeproblem ist auch nach dem XXVI. Parteitag ungelöst geblieben. Die alten Herren klammern sich mit dem letzten Rest der ihnen verbliebenen Energie an die Macht, entfernen alle potentiellen Konkurrenten jüngerer Jahrgänge aus dem Sanktuarium sowjetischer Herrschaft und halten sich an die Devise „nach mir die Sintflut". Wer bei der Sintflut die Arche Noahs besteigen wird, kann man nicht wissen. Es spricht einiges dafür, daß — nach einer eventuellen Übergangslösung unter der Regie von Kirilenko und Černenko — die einflußreiche Parteibürokratie einem farblosen Apparatschik der Mitte zum Aufstieg verhelfen wird[63]. Es kann aber auch passieren, daß als Phönix aus der Asche brennender Probleme plötzlich ein starker Mann aufsteigen wird, um es mit radikaleren Methoden zu versuchen. Die Zukunft bleibt ungewiß, wie es ihrer Natur schon immer entsprochen hat. Jedenfalls hat es sich gut gefügt, daß die amtierende Gerontokratie den Faschingsdienstag ausgesucht hat, um sich vom XXVI. Parteitag bestätigen zu lassen. Denn der Aschermittwoch kommt bestimmt.

VIII. Nachtrag

Der „Aschermittwoch", auf den ich im Schlußsatz des vor zwei Jahren abgeschlossenen Manuskriptes den Blick richtete, ist inzwischen gekommen und fiel tatsächlich auf einen Mittwoch: am 10. November 1982 verstarb Partei- und Staatschef Brežnev. Das Nachfolgeproblem fand vorerst eine überraschend schnelle Lösung. Zwei Tage später bestimmte das Zentralkomitee der KPdSU *Ju. V. Andropov* zum Generalsekretär, der seine Führungsposition in verhältnismäßig kurzer Zeit einigermaßen stabilisieren konnte. Anfang Mai 1983 wurde bekannt, daß er irgendwann Vorsitzender des Verteidigungsrats der UdSSR geworden war, und am 16. Juni 1983 „wählte" ihn der Oberste Sowjet der UdSSR als Geschenk zum 69. Geburtstag zum Vorsitzenden seines Präsidiums, also zum Staatsoberhaupt der

---

[63] So S. Ploss, Zum Nachfolgeproblem im Kreml, Osteuropa 1980, S. 1093 ff. (1106).

Sowjetunion. An den Ende 1981 in eine entscheidende Phase eingetretenen Auseinandersetzungen um die Nachfolge waren die übriggebliebenen Spitzenoligarchen von 1964 nicht mehr beteiligt. Suslov starb im Januar 1982; Kirilenko trat zusehends in den Hintergrund und wurde bald nach Brežnevs Tod aus den Führungsgremien der Partei entfernt. Die letzte Runde wurde zwischen dem von Brežnev favorisierten ZK-Sekretär Cernenko und dem plötzlich aufsteigenden KGB-Chef Andropov ausgetragen, dem der entscheidende Durchbruch im Mai 1982 gelang, als er vom Staatssicherheitsdienst in das ZK-Sekretariat überwechselte. Der Unterlegene gehört aber zusammen mit Regierungschef Tichonov, Verteidigungsminister Ustinov und Außenminister Gromyko zum neuen engeren Führungskreis, dessen Durchschnittsalter Mitte 1983 immerhin 73,6 Jahre beträgt. Auch wenn den beiden 60-jährigen, dem Aserbeidschaner Aliev (seit November 1982 Vollmitglied des Politbüros und 1. Stellvertreter des Regierungschefs) und dem Leningrader Romanov (seit Juni 1983 ZK-Sekretär), inzwischen der Sprung nach Moskau gelungen ist und sich der 52-jährige ZK-Sekretär Gorbačev eindrucksvoll profiliert, kann unter diesen Umständen wohl doch nur von einer Übergangslösung die Rede sein.

Andropov hat die Zügel der Innenpolitik straffer gezogen. Er ließ gleich zu Beginn eine spektakuläre Disziplinierungskampagne gegen Korruption und Arbeitsbummelei anlaufen, deren Erfolge aus systemimmanenten Gründen nur begrenzt sein können. Nonkonformistische Strömungen werden verschärft bekämpft, und in der Nationalitätenpolitik kündigt sich nichts Gutes an. In der Wirtschaftspolitik haben westliche Beobachter von Andropov namentlich in der Landwirtschaft vielfach Reformen erwartet, doch ernsthafte Ansätze sind bisher nicht sichtbar geworden. Auf die Eigeninitiative der Arbeitnehmer setzt der neue Partei- und Staatschef jedenfalls nicht. Dies zeigt das im Juni 1983 schließlich verabschiedete Gesetz über die Arbeitskollektive sehr deutlich, daß die konservative Betriebsverfassung festschreibt und der Belegschaft keine nennenswerten Mitwirkungsrechte einräumt. Andropov ist ohne Zweifel ein intelligenter, gut informierter und illusionsloser Mann, vermutlich der fähigste, der dem Politbüro für die Besetzung der höchsten Führungsämter zur Verfügung stand. Vielleicht ist auch die offenkundige Einsicht ein Zeichen seiner Intelligenz, daß das Sowjetsystem im Grunde nicht reformierbar ist und nur mit kluger Härte und Repression in einem einigermaßen funktionsfähigen Zustand bewahrt werden kann.

DER FÜHRUNGSWECHSEL IM KREML*

Von Boris Meissner

I. Der Führungswechsel im Kreml

Der Tod Susslows im Januar 1982[1], der nicht nur der „Chefideologe", sondern auch faktisch der stellvertretende Generalsekretär war, stellte nach dem XXVI. Parteitag der KPdSU eine entscheidende Veränderung in der Partei- und Staatsführung der Sowjetunion dar. Durch seinen Tod ist das prekäre Gleichgewicht im „Führerkollektiv", das zuletzt auch die führende Rolle Breshnews verbürgte, gefährdet worden. Da niemand in der Lage war, die dadurch entstandene Lücke ganz auszufüllen, wurde der Zuständigkeitsbereich Susslows zwischen Tschernenko, dem Vertrauten Breshnews, und Andropow, der im Mai 1982 wieder zum ZK-Sekretär berufen wurde, aufgeteilt. In dem Rennen um die Nachfolge Breshnews erwiesen sich beide als die Hauptrivalen. Der Tod Breshnews am 18. November 1982 kam für Tschernenko zu früh, da es ihm noch nicht gelungen war, eine von Breshnew gebilligte Veränderung in der „kollektiven Führung" und damit eine Wachablösung durchzuführen. Für die Entscheidung zwischen den beiden Kandidaten für den Posten eines Generalsekretärs mußte sich die bestehende Machtkonstellation im Politbüro als ausschlaggebend erweisen[2]. Für Andropow dürften sich Ustinow und Gromyko eingesetzt haben, denen im „Führerkollektiv" ein besonderes Gewicht und Prestige zukam. Für Andropow wird wahrscheinlich auch Schtscherbizkij eingetreten sein, der sich durch den kometenhaften Aufstieg Tschernenkos übergangen fühlte. Nach einer Information aus Moskau[3], die durchaus glaubhaft erscheint, soll Ustinow auf der

---

* Der vorliegende Beitrag ist die Fortsetzung der Abhandlung des Verfassers über die innenpolitischen Entwicklungstendenzen der Sowjetunion in „Die Sowjetunion heute" (Abhandlungen, Bd. 2), Berlin 1981, S. 7-36. Ihm liegen die Analysen über den Führungswechsel und seine innenpolitischen Auswirkungen in der „Außenpolitik" 2/1983 und „Osteuropa" 3/1983 zugrunde.

[1] Vgl. T. H. Rigby: The death of Mr. M. A. Suslov and its possible implications, Australien Foreign Affairs Record 1982, S. 55 ff.

[2] Zur personellen Machtkonstellation vgl. das Sonderheft „Der XXVI. Parteitag" von „Osteuropa", 9-10/1981, S. 732 ff.

[3] Vgl. S. Wieland: Das Ende des Clans von Dnepropetrowsk, Frankfurter Allgemeine Zeitung vom 7. 12. 1982.

entscheidenden Sitzung des Politbüros Andropow zum Generalsekretär vorgeschlagen und Gromyko diesem Vorschlag als erster zugestimmt haben. Auch daß Schtscherbizkij diese Sitzung präsidiert haben soll, erscheint denkbar, da es sich nicht um eine Routinesitzung des Politbüros gehandelt hat.

Bei der Notwendigkeit einer schnellen Entscheidung, die im Interesse des gesamten „Führerkollektivs" lag, sprachen auch sachliche Gründe mehr für Andropow, der nicht nur über Erfahrungen im Parteiapparat, wie Tschernenko, sondern auch im polizeilichen Bereich und im Auswärtigen Dienst verfügte. Andererseits weist auch Andropow, dessen Intelligenz unbestritten ist, zahlreiche Schwächen auf. Er ist mit 68 Jahren der älteste Sowjetpolitiker, der das Amt des Generalsekretärs bisher übernommen hat. Stalin war 1922 43 Jahre, Chruschtschow 1953 59 Jahre und Breshnew 1964 fast 58 Jahre alt. Andropow fehlt die Ausstrahlungskraft seiner Vorgänger und vor allem verfügt er im Unterschied zu diesen auch nicht über eine größere Hausmacht. Im Parteiapparat sind es vor allem die Parteiideologen und nicht die Parteiorganisatoren, die hinter ihm stehen. Auch im Polizeiapparat kann er kaum mit einer geschlossenen Unterstützung rechnen. Vor allem fehlt ihm, ebenso wie Tschernenko, der Rückhalt bei bestimmten Gruppen der militärischen Führung, da er nicht im Kriege wie seine Vorgänger und eine Reihe anderer Politbüromitglieder, als politischer Kommissar oder Rüstungsspezialist in führender Funktion mit ihnen in Berührung gekommen ist.

Andropow hat es daher beim Ausbau seiner Machtstellung sehr viel schwerer als seine Vorgänger. Dies bedeutet, daß er zunächst nicht nur auf ein Bündnis mit Ustinow und Gromyko, sondern auch Tschernenko und Grischin angewiesen ist. Er muß auch auf andere Teile der Gefolgschaft Breshnews Rücksicht nehmen.

Ob Andropow tatsächlich die „Leidenschaft für die kollektive Arbeit eigen" ist, wie Tschernenko dem ZK-Plenum am 12. November 1982 behauptete, mag dahingestellt bleiben. In jedem Fall ist er aufgrund der bestehenden Machtkonstellation gezwungen, an diesem Prinzip festzuhalten, zumal das oligarchische Element nach dem Führungswechsel noch stärker geworden ist. Breshnew hat dieser Tendenz dadurch Rechnung getragen, daß er im ZK-Bericht auf dem XXVI. Parteitag der KPdSU im Februar 1981 die Rolle des Politbüros als „Kampfstab unserer viele Millionen umfassenden Partei" besonders hervorhob. Im Politbüro „akkumuliert sich" nach seinen Worten „die kollektive Weisheit der Partei und wird die Politik der Partei formuliert". Unter Andropow ist die Bedeutung des Politbüros als Entscheidungszentrum der Partei, das zugleich die eigentliche Regierung der Sowjetunion bildet, noch gewachsen. Es ist bezeichnend, daß jetzt über den Verlauf von Sitzungen des Politbüros in der Sowjetpresse berichtet wird, was früher nur bei den Plenartagungen des Zentralkomitees der Fall war.

Der Führungswechsel im Kreml 61

Bereits am Ausgange der „Breshnew-Ära" haben sich Personalentscheidungen, die das bestehende Kräftegleichgewicht im Kreml in der einen oder anderen Richtung verschieben konnten, als äußerst schwierig erwiesen. Infolgedessen ist der personelle Bestand des Politbüros und des ZK-Sekretariats auf dem XXVI. Parteitag 1981 überhaupt nicht verändert worden. Diese Schwierigkeiten haben sich nach dem Führungswechsel noch erhöht, da das gegenwärtige Politbüro faktisch eine Koalition von Personen und Gruppierungen mit unterschiedlichen Interessen und Vorstellungen darstellt. Andropow ist es bisher auf der höheren Entscheidungsebene nur möglich gewesen, die Beförderung des aserbaidshanischen Parteichefs Alijew, der seine ganze Karriere im KGB gemacht hat, zum Mitglied des Politbüros und zum Ersten Stellvertretenden Ministerpräsidenten der UdSSR zu erreichen. Dagegen hat sich das „Führerkollektiv" über die Besetzung des Amtes des Vorsitzenden des Präsidiums des Obersten Sowjet der UdSSR und ein umfassendes Revirement in der Leitung der beiden höchsten Staatsämter nicht sofort einigen können. Erst am 16. Juni 1983 hat Andropow nach dem Vorsitz im Verteidigungsrat der UdSSR auch das Amt des Staatsoberhaupts übernommen. Tichonow als Ministerpräsident der UdSSR und Archipow als der zweite Erste Stellvertretende Ministerpräsident der UdSSR üben dagegen ihre bisherigen Leitungsfunktionen trotz ihres hohen Alters weiter aus.

Aus der Placierung auf den Tagungen des Obersten Sowjets der UdSSR im November 1982 und Juni 1983 war zu ersehen, daß zur gegenwärtigen Führungsspitze, die faktisch den ständigen Ausschuß des Politbüros bildet, außer Andropow und Tichonow noch Tschernenko, der zum zweiten ZK-Sekretär aufgerückt ist, Ustinow und Gromyko angehören. Die Machtstellung Gromykos ist durch seine Ernennung zu einem weiteren Ersten Stellvertretenden Ministerpräsidenten der UdSSR unter Beibehaltung seines Amtes als Außenminister gestärkt worden. Möglich wäre später eine Ersetzung Tichonows durch Ustinow, der unter Chruschtschow eine Zeit lang als Erster Stellvertretender Ministerpräsident der UdSSR die Leitung des Obersten Volkswirtschaftsrates der UdSSR inne hatte. In diesem Fall würde die Besetzung des Postens eines Verteidigungsministers Schwierigkeiten bereiten. In Frage käme am ehesten wieder ein Berufsmilitär. Eine solche Lösung könnte die Kontrolle der Kreml-Führung über die Streitkräfte schwächen, andererseits das sowjetische Oberkommando ihr gegenüber stärker verpflichten.

Die bisherigen personellen Veränderungen im Partei- und Staatsapparat sind punktueller Natur und lassen nur eine begrenzte Stärkung der Machtbasis Andropows erkennen. Am wichtigsten ist die Ernennung Fedortschuks, der im Mai 1982 Nachfolger Andropows als KGB-Chef geworden war, zum Innenminister an Stelle von Schtschelokow, der von der Moldau her nicht nur Breshnew, sondern auch Tschernenko nahe stand. Dafür ist Tschebrikow zum neuen KGB-Chef ernannt worden, der ebenso wie sein Erster Stellvertreter Zinew dem Dnjepropetrowsker Clan angehört.

An der Überalterung der Obersten Partei- und Staatsführung, die hauptsächlich durch die verfehlte Kaderpolitik Breshnews bedingt war, hat sich trotz des Todes Pelsches vorläufig wenig geändert.

Das Durchschnittsalter der elf Mitglieder des Politbüros beträgt zur Zeit 68 statt bisher 70, der Führungsspitze sogar 74. Das bedeutet, daß bei dem hohen Alter der führenden Oligarchen mit einem dauerhaften Charakter der gegenwärtigen Machtkonstellation im Kreml weiterhin nicht gerechnet werden kann, zumal auch das Durchschnittsalter der sieben Kandidaten jetzt fast 67 statt bisher 65 beträgt. Nur das Durchschnittsalter der zehn ZK-Sekretäre hat sich von 68 auf fast 66 Jahre vermindert. Da auch das Durchschnittsalter der Mitglieder des Zentralkomitees infolge der auf Kontinuität bedachten Kaderpolitik Breshnews sehr hoch ist, wird sich eine Verjüngung der „Parteigeneralität" nicht umgehen lassen. Da der nächste ordentliche Parteikongreß erst 1986 stattfindet, könnte diese Aufgabe gegebenenfalls von der Parteikonferenz übernommen werden. Die Parteikonferenz, die es als Institution unter Stalin bis 1941 gegeben hat, ist 1971 wieder eingeführt worden, ohne daß Breshnew von ihr Gebrauch gemacht hat. Sie könnte Andropow als Instrument für größere Veränderungen dienen.

Bei den weiteren personellen Veränderungen dürfte die Frage, wie die Politik, die von Andropow verfolgt wird, am besten verwirklicht werden kann, und in welchem Maße er auf die Mitarbeit der anderen Politbüromitglieder und vor allem Tschernenkos angewiesen ist, eine wesentliche Rolle spielen.

II. Die sowjetische Innenpolitik unter Andropow

Die Lage der Sowjetunion am Ende der „Breshnew-Ära" läßt deutlich die Schwierigkeiten erkennen, die sich teils aus der wachsenden bürokratischen Verkrustung im Innern und der dadurch wesentlich bedingten Stagnation, teils dem außenpolitischen Überengagement ergeben haben[4].

Von den Nachfolgern Breshnews scheinen sich Andropow und Tschernenko am klarsten des Ernstes der Lage bewußt zu sein.

Tschernenko ist in mehreren Schriften für eine genauere Abgrenzung der Funktionen der Partei und des Staates, eine engere Verbindung der Führung mit den Volksmassen eingetreten[5]. Daß er am liebsten noch weiter gehen

---
[4] Vgl. B. Meissner: Bilanz der „Breshnew-Ära", Beilage zur Wochenzeitung „Das Parlament" 7/83, S. 7 ff.

[5] Vgl. H. Brahm: Leitmotive in K. Tschernenkos Schriften, Berichte des Bundesinstituts für ostwissenschaftliche und internationale Studien, Köln, 41/1982.

würde, zeigte sein zweifacher Besuch des antistalinistischen Stückes „So werden wir siegen", in dem Lenin im Zeichen der „Neuen Ökonomischen Politik" für eine bessere Handhabung der Macht und eine stärkere Berücksichtigung der Wünsche der Massen eintritt[6].

Aus den Äußerungen Andropows vor dem Führungswechsel war zu entnehmen, daß er den innenpolitischen Immobilismus durch Bekämpfung des Korruptions- und Cliquenwesens und anderer antisozialer Erscheinungen zu überwinden trachtet und dabei besonderen Nachdruck auf erhöhte Disziplin legt[7].

Die Grundzüge der von Andropow verfolgten Innenpolitik gehen aus seiner Rede auf dem ZK-Plenum am 22. November 1982 hervor[8]. Diese Rede war vorher vom Politbüro gebilligt worden und entsprach damit einer Regierungserklärung. Sie war bestrebt, die Kontinuität mit der unter Breshnew verfolgten Innen- und Außenpolitik besonders zu betonen und stellte daher in ihrem Kern das Programm eines „Breshnewismus ohne Breshnew" dar. Das kam im Bereich der Innenpolitik in der Hervorhebung des „Lebensmittelprogramms" und der Notwendigkeit, die Konsumgüterproduktion besonders zu fördern, zum Ausdruck. Ein solches Programm hätte auch Tschernenko vorlegen können. Trotzdem ergaben sich bestimmte Unterschiede, die besonders deutlich werden, wenn man auch die Reden der beiden Sowjetführer auf dem ZK-Plenum am 12. November 1982 ansieht.

Es fällt auf, daß Tschernenko zur Begründung der Kontinuität auch den XXIII. Parteikongreß der KPdSU von 1966 erwähnt, was Andropow nicht getan hat. Auf dem XXIII. Parteitag ist erstens das Prinzip der kollektiven Führung besonders hervorgehoben worden. Zweitens ist besonderer Nachdruck auf die Entwicklung der „sozialistischen Demokratie" und damit auf eine erhöhte ideologische Indoktrination bei gleichzeitiger Fortführung der 1965 von Kossygin eingeleiteten Wirtschaftsreform Wert gelegt worden.

Tschernenko hat auch die Forderung Breshnews „Die Wirtschaft muß wirtschaftlich sein" besonders betont. Andropow hat diese Forderung aufgegriffen, zugleich aber mit einem Seitenhieb auf Tschernenko festgestellt, daß es viele Wirtschaftsführer gäbe, die dieses Wort gern zitieren würden, „praktisch aber zu wenig für die Lösung dieser Aufgabe unternehmen".

Die eigene Handschrift Andropows, die sich durch Nüchternheit und Pragmatismus auszeichnet, spürt man vor allem an den Stellen, wo er für eine erhöhte persönliche Qualität des Managements, bessere Ausnutzung der

---

[6] Vgl. die Mitteilung über den Theaterbesuch, Pravda vom 4. 3. 1982; Analyse bei Christian Schmidt-Häuser: Risse in der Kreml-Mauer, „Die Zeit" vom 12. 3. 1982.

[7] Vgl. C. G. Ströhm: Die vielen Bilder des Jurij Andropow, „Die Welt" vom 22. 11. 1982.

[8] „Pravda" vom 23. 11. 1982.

[9] „Pravda" vom 13. 11. 1982.

vorhandenen volkswirtschaftlichen Reserven, größere Selbständigkeit der Vereinigungen und Betrieben sowie die Berücksichtigung der „eigenen und internationalen Erfahrungen" eintritt. Er sagt, daß er keine „fertigen Rezepte" für die Lösungen der „brennenden Aufgaben" der Volkswirtschaft anzubieten habe. Mit Losungen allein käme man nicht voran. Auch von den populistischen Bestrebungen Tschernenkos hält er nicht viel. „Notwendig ist eine umfangreiche organisatorische Arbeit der Parteiorganisationen, der Wirtschaftsleiter und des ingenieur-technischen Personals".

Andropow setzt somit weiterhin in erster Linie auf die Parteiorganisatoren und das technokratische Element in der Wirtschaftsführung. Er fordert eine Vervollkommnung aller Bereiche der Wirtschaftsführung, erhöhte Arbeitsdisziplin und droht unfähigen Wirtschaftsmanagern mittelbar ihre Absetzung an. Offenbar strebt Andropow nach einer Phase verstärkter Disziplinierung, die mit der Säuberung der leitenden Kader verbunden ist, begrenzte Reformen unter Verwertung vor allem jener Erfahrungen in den ostmitteleuropäischen Volksdemokratien an, die er auch für die Sowjetunion als nützlich einsieht. Dabei dürfte sein Interesse am ungarischen Modell eine wesentliche Rolle spielen.

Es ist teilweise behauptet worden, daß es Andropow gewesen ist, der Kádár gefördert habe und damit wesentlich zum Erfolg der ungarischen Reformpolitik beigetragen hat. Aus den Memoiren des früheren jugoslawischen Botschafters in Moskau, Mićunović, ist bekannt geworden, daß es hauptsächlich die jugoslawische Führung war, die Chruschtschow bei einer Beratung mit Tito auf Brioni veranlaßte, sich für Kádár und nicht Münnich als ungarischen Regierungschef zu entscheiden[10]. Andropow hat als sowjetischer Botschafter während der ungarischen Volkserhebung eine zwielichtige Rolle gespielt. Das schließt nicht aus, daß er die Entscheidung für Kádár befürwortet hat und die weitere Entwicklung in Ungarn, die erst nach einer Repressionsphase zur Reformpolitik führen sollte, von Moskau als zuständiger ZK-Sekretär unterstützt hat.

Die Frage stellt sich, mit welchen Methoden Andropow es erreichen will, neuen Schwung in den bürokratisch erstarrten sowjetischen Wirtschaftsmechanismus zu bringen. Ihm gehen, ebenso wie Tschernenko, wirtschaftliche Kenntnisse ab. Sein Spielraum in finanzieller Hinsicht ist gering, da er sich im stärkeren Maße als Tschernenko verpflichtet hat, „daß sich die Verteidigungsfähigkeit des Landes stets auf der Höhe der Zeit befindet" (Rede vom 12. 11. 82) und der „Armee und der Flotte alles Notwendige zu geben" (Rede vom 22. 11. 82). Tschernenko hat stärker auf den Zusammenhang zwischen der wirtschaftlichen Leistung und der Erstarkung der Verteidigungsmacht hingewiesen und damit bestimmte Grenzen für eine weitere Aufrüstung aufgezeigt.

---

[10] Vgl. V. Mićunović: Moskauer Tagebücher 1956-1958, Stuttgart 1982, S. 179.

Eine Erweiterung dieses begrenzten Spielraumes wäre nur bei einer Selbstbeschränkung in der Außenpolitik und bei Erfolgen in der Rüstungsbegrenzungspolitik möglich. Dem stehen die kostspieligen Forderungen der Militärs entgegen, die Andropow wegen seiner KGB-Tätigkeit nicht minder als dem Populisten Tschernenko mißtrauen.

Auch in seiner Jubiläumsrede am 21. Dezember 1982 zum 60. Jahrestag der Union der Sozialistischen Sowjetrepubliken[11], d. h. des sowjetischen Bundesstaates, hat sich Andropow für eine Durchführung des „Lebensmittelprogramms", das eine bessere Versorgung der Bevölkerung ermöglichen soll, und damit für eine stärkere Berücksichtigung der Landwirtschaft und Konsumgüterindustrie eingesetzt. Er hat gleichzeitig eine Verbesserung des Verkehrswesens und einen Ausbau der Infrastruktur des Landes gefordert. Im Mittelpunkt seiner Rede stand die Nationalitätenpolitik, der in einem Vielvölkerstaat, dem mehr als 100 Nationen, Völkerschaften und Volksgruppen angehören, eine besondere Bedeutung zukommt. Die Nationalitätenfrage ist in der „Breshnew-Ära" durch die verstärkte Zentralisierungs- und Russifizierungspolitik, die der sowjetische Partei- und Staatschef mit der Theorie vom einheitlichen Sowjetvolk ideologisch begründete, wesentlich verschärft worden[12]. Andropows Rede ließ erkennen, daß er sich der Probleme, die mit der Nationalitätenfrage verbunden sind, durchaus bewußt ist. Er hält an der These vom einheitlichen Sowjetvolk trotz des wachsenden Selbstbewußtseins der nichtrussischen Nationalitäten fest. Er gedenkt, die damit verbundene Assimilationspolitik mit dem Endziel der Verschmelzung zu einer russischen Einheitsnation in einer vorsichtigen Form fortzusetzen. Ihm liegt vor allem daran, daß die sowjetische Wirtschaft unabhängig vom föderativen Aufbau des Sowjetstaates als ein einheitlicher Produktionsorganismus betrachtet wird und daß die Nutzung der vorhandenen Produktivkräfte und die Verteilung der Produktionsstätten unter den rationalen Gesichtspunkten einer zentralen Planung erfolgt. Diese zentralistische Grundeinstellung Andropows dürfte auf erheblichen Widerstand bei den nichtrussischen Nationalitäten stoßen, die auf die vorhandene begrenzte wirtschaftliche Eigenständigkeit besonderen Wert legen.

Die inzwischen erfolgten Äußerungen Andropows und Tschernenkos auf dem ZK-Plenum am 14. und 15. Juni 1983[13] lassen erkennen, daß sich die gegenwärtige Kreml-Führung der schwierigen Probleme, mit denen die Sowjetunion sich auseinanderzusetzen hat, durchaus bewußt ist. Sie verfügt aber nicht über die Kraft, um eine entscheidene Änderung in dieser Lage herbeizuführen. Offenbar soll die Arbeit an der Neufassung des Parteipro-

---

[11] „Pravda" vom 22.12.1982.
[12] Vgl. G. Brunner, B. Meissner (Hrsg.): Nationalitätenprobleme in der Sowjetunion und Osteuropa, Köln 1982.
[13] „Pravda" vom 15. und 16.6.1983.

gramms der KPdSU von 1961 die Zeit überbrücken bis die Pläne erarbeitet sind, die zu einer Verbesserung und damit größeren Effektivität des bestehenden Systems beitragen sollen. Die Ungewißheit über die Richtung der künftigen innenpolitischen Entwicklung wird durch den schwankenden Gesundheitszustand Andropows verstärkt.

DIE SOWJETISCHE WIRTSCHAFT ZU BEGINN DER ACHTZIGER JAHRE

Von Hans-Hermann Höhmann

I. Wirtschaftslage

Vorbemerkung

Die folgende Studie wurde im August 1982 abgeschlossen. Inzwischen hat die KPdSU einen neuen Generalsekretär und die UdSSR einen neuen Führer. Ju. Andropow hat inzwischen wiederholt zu wirtschaftspolitischen Fragen Stellung genommen. Dabei zeigt sich einerseits die Einsicht in die Notwendigkeit, angesichts der nach wie vor aufs ganze gesehen unbefriedigenden Wirtschaftslage wirtschaftspolitisch tätig zu werden. Andererseits ist deutlich geworden, daß einschneidende Veränderungen aufgrund der politischen Überzeugung des neuen Führers, seiner krankheitsbedingten Führungsschwierigkeiten und des geringen wirtschaftlichen Manövrierraums nicht zu erwarten sind. Insofern bleibt die nachfolgende Analyse gültig.

Was angesichts der skizzierten Restriktionen zu erwarten und teilweise bereits in Angriff genommen ist, ist eine Reihe zielorientierter, ressourcenorientierter und produktivitätsorientierter Maßnahmen geringerer Reichweite. Ansätze sind in vier Bereichen erkennbar:

— in der *Wirtschaftspolitik* soll offenbar eine Politik der „Konsolidierung auf reduziertem Anspruchsniveau" verbunden mit einer Beschleunigung des Investitionswachstums betrieben werden;

— in der *Wirtschaftsordnungspolitik* dürfte der bisherige Kurs der „Vervollkommnung" und „Verbesserung" des bisherigen Systems unter Vermeidung eines tiefgreifenden Systemwandels fortgesetzt werden. Eine erneute, begrenzte Reform vom Typ der Maßnahmen von 1965 und 1979 soll durch Experimente ab Januar 1984 vorbereitet werden. Mögliche Erfolge hängen nicht zuletzt von besseren „flankierenden Maßnahmen" ab, als sie bisher mit Reformen verbunden waren;

— eine solche Flanke ist die *Arbeitskräftepolitik*, die gegenwärtig durch die Verschärfung disziplinarischer Maßnahmen gegen Arbeitsstörer aller Art geprägt ist. Diese Politik reicht zur Überwindung der gegenwärtigen Schwierigkeiten allerdings keineswegs aus;

— in der *Außenwirtschaftspolitik* ist schließlich ein weiteres Interesse an Kooperation mit dem Westen zu erwarten. Daneben stehen zweifellos aber auch Bemühungen um eine Vertiefung der Ostblock-Integration.

Ob es Andropow gelingt, mit diesen mehr in die Breite als in die Tiefe angelegten Maßnahmen die Lage der sowjetischen Wirtschaft längerfristig zu verbessern, muß abgewartet werden. Ein erneutes Abrutschen in das bisherige „Durchwursteln" ist eine permanente Gefahr.

1. Entwicklung der Produktion

Alle wirtschaftlichen Indikatoren weisen darauf hin, daß die sowjetische Wirtschaft am Ende der siebziger Jahre in die tiefste Krise ihrer neueren Geschichte hineingeraten war. Diese Krise setzte 1979 ein, als sich das Wachstum des Nationaleinkommens von durchschnittlich 5% in den drei Vorjahren auf etwa 2% verlangsamte[1]. Seitdem ist das Wirtschaftswachstum der UdSSR im großen und ganzen auf diesem niedrigen Niveau geblieben (vgl. Tabelle 1). 1983 begann allerdings ein Prozeß leichter Erholung. Gemessen am Bruttosozialproduktkonzept westlicher volkswirtschaftlicher Gesamtrechnungen dürften die durchschnittlichen Zuwächse seit 1979 um 2 % gelegen haben.

Zurückzuführen ist die Krise der sowjetischen Wirtschaft auf eine ungünstige Entwicklung in fast allen Produktionsbereichen. Am spektakulärsten ist natürlich die schlechte Entwicklung der sowjetischen Landwirtschaft. Von 1979 bis 1981 ging die agrarische Bruttoerzeugung in drei aufeinanderfolgenden Jahren zurück. Die Getreideernten fielen dabei besonders schlecht aus, was zu Ausfällen in der Versorgung mit Futtermitteln und einem hohen Importbedarf führte. Obwohl große Mengen Getreide eingeführt wurden, stagnierte die Produktion von Tierprodukten. Für die sowjetischen Planer war besonders enttäuschend, daß die Rückschläge in der Agrarproduktion eintraten, obwohl seit den späten sechziger Jahren massiv in diesen Sektor der Volkswirtschaft investiert wurde und der Anteil der Investitionen „für die Entwicklung der Landwirtschaft" an den volkswirtschaftlichen Gesamtinvestitionen zuletzt bei 27% lag.

Neben der ungünstigen Entwicklung der Landwirtschaft ist für die sowjetische Wirtschaftsentwicklung der letzten Jahre aber auch der Wachstumsrückgang der Industrieproduktion bedeutsam. Lag das durchschnittliche Wachstum der Erzeugung in diesem Wirtschaftszweig von 1976 bis 1978

---
[1] Die für das Wachstum des Nationaleinkommens in den Jahren 1980 und 1981 angegebenen Werte zwischen 3 und 4% sind zu hoch. Eine Analyse der einzelnen Faktoren auf der Entstehungs- und Verwendungsseite des Nationaleinkommens legen eine Korrektur auf 2-2,5% nahe. Abgesehen von dieser Korrektur und der westlichen Schätzung der sowjetischen Bruttosozialproduktentwicklung entstammen alle Daten dieses Aufsatzes der offiziellen sowjetischen Statistik bzw. den Plandokumenten.

Die sowjetische Wirtschaft zu Beginn der achtziger Jahre

Tabelle 1: Indikatoren der wirtschaftlichen Entwicklung der UdSSR
(Wachstumsraten in %)

	1976	1977	1978	1979	1980	1981 Plan[a,b]	1981 Ist	1982 Plan[a]	1982 Plan[b]	1976-1980 Jahresdurchschn. Plan	1976-1980 Jahresdurchschn. Ist	1981-1985 Jahresdurchschn. Plan
			Ist									
Nationaleinkommen, produziert	5,9	4,5	5,1	2,2	3,5 (2,5)[c]	–	(2-2,5)[c]	–	–	–	4,2	–
Beschäftigte im staatl. Sektor	2,0	2,1	2,1	1,8	1,7	1,2	–	1,0	–	–	1,9	–
Industrie												
Bruttoproduktion	4,8	5,7	4,8	3,4	3,6	4,1	3,4	4,7	3,9	6,3	4,4	4,7
Gruppe A	5,5	5,8	5,1	3,4	3,6	4,1	3,3	4,8	3,9	6,6	4,7	4,7
Gruppe B	3,0	5,2	4,1	3,3	3,5	4,2	3,6	4,6	3,9	5,7	3,9	4,8
Arbeitsproduktivität	3,3	4,0	3,6	2,4	2,6	3,6	2,7	4,1	3,3	5,4	3,2	4,2
Bauwirtschaft												
Bau- und Montagearbeiten	3,0	3,0	2,0	–0,6	1,0[c]	–	1,8[c]	–	–	–	–	–
Arbeitsproduktivität	3,3	3,1	2,2	1,0	1,2	3,5	2,0	3,5	2,0	5,4	2,1	2,8
Landwirtschaft												
Bruttoproduktion	6,5	4,0	2,7	–3,1	–3,0	7,5	–2,0	16,2	–	–	1,6	4,0
Arbeitsproduktivität[e]	9,0	4,3	5,0	–4,0	–1,0	–	–2,0	–	–	–	2,8	–
Verkehrswesen												
Gütertransport	4,0	3,7	5,3	1,0	3,0	2,6	2,3	3,0	2,1	5,7	1,2	3,6
Arbeitsproduktivität[f]	1,3	0,3	1,6	–2,7	0,2	1,6	0,8	1,6	1,4	3,7	0,2	2,0
Nationaleinkommen, verwendet	5,3	3,5	4,5	2,0	3,8 (2-2,5)[c]	3,4	3,2 (2-2,5)[c]	3,0	2,6	4,7	3,9	3,4
Einzelhandelsumsatz	4,6	4,5	3,9	4,1	5,2	3,9	4,4	3,1	4,7	5,1	4,4	4,2
Bruttoanlageinvestitionen	4,5	3,7	6,0	0,7	2,2	4,5	3,0	–	–	–	3,4	–
davon staatliche	5,0[c]	4,0	6,0	0,7	2,0[c]	5,2	3,0[c]	0,9	–0,7	2,7	–	2,0
Außenhandelsumsatz[g]	12,0	11,4	10,9	14,0	14,0	–	17,0	–	–	5,3-6,1	5,4	–
Verteilung												
durchschnittl. Monatseinkommen der Arbeiter und Angestellten	4,0	1,9	3,8	2,2	3,2	1,8	2,1	–	–	3,1	3,0	2,8
durchschnittl. monatl. Arbeitsentgelt der Kolchosbauern[e]	6,0	7,5	4,3	4,0	2,0	4,1	4,0	–	–	4,7	4,7	3,8
Gesellschaftl. Konsumfonds	5,0	4,7	5,7	4,3	5,7	4,3	4,2	4,1	–	5,3	5,2	4,2

a) Jahresplan. – b) Fünfjahresplan. – c) Schätzung. – d) Jahresdurchschnitt 10. gegenüber 9. FJP. – e) vergesellschafteter Sektor. – f) Eisenbahntransport. – g) Zu jeweiligen Preisen, ausgenommen Plandaten. – h) Jahresdurchschnittliche Wachstumsrate.

Quellen: Statistische Jahrbücher der UdSSR, Plandokumente, Planerfüllungsberichte.

noch über 5 %, so fiel es in den Jahren 1979-1981 auf ca. 3,5 % ab. 1982 lag die Wachstumsrate der Industrieproduktion erstmals unter 3 % (1983 stieg sie wieder an). Das bedeutet, daß ein in der Vergangenheit vielfach wirksamer Kompensationseffekt — der einer Kompensation negativer Agrarergebnisse durch positive Industrieentwicklung — nicht mehr recht wirksam ist. Innerhalb der Industrieerzeugung wiederum ist ein weiterer Kompensationseffekt unwirksam geworden: der Effekt eines Ausgleichs von ungünstigen Entwicklungen im Bereich der Konsumgütererzeugung (Gruppe B) durch eine raschere Entwicklung der Produktion von Produktionsmitteln (Gruppe A). So hat, und dies ist eine neue Entwicklung innerhalb der UdSSR, die Wachstumsverlangsamung der Wirtschaft auch voll die sowjetische Schwerindustrie erfaßt. Innerhalb der Schwerindustrie wiederum sind die Wachstumsrückgänge in der Brennstoffindustrie und der Eisen- und Buntmetallurgie am gravierendsten. Doch auch in der chemischen Industrie und im Maschinenbau werden die bisherigen Wachstumsraten nicht mehr erreicht. Ursächlich für den starken Rückgang des industriellen Wachstums ist einmal der durch die Folge der Mißernten bedingte Ausfall landwirtschaftlicher Rohstoffe für die industrielle Weiterverarbeitung. Dazu kommt die zunehmende Knappheit der Arbeitskräfte und der Abfall des Produktivitätswachstums. Schließlich brachen Ende der siebziger Jahre strukturelle Disproportionen auf (Stagnation bei einem Teil der Brennstoffe, bei Metallen und im Verkehrswesen), die das industrielle Wachstum in starkem Maße beeinträchtigten[2].

Auch die Bauwirtschaft blieb nicht von der generellen Wirtschaftsstagnation verschont. Dies muß allerdings auch im Zusammenhang mit dem gebremsten Investitionswachstumstempo und der angestrebten Verlagerung von den Bau- zu den Ausrüstungsinvestitionen gesehen werden. Die Rückgänge des Bauvolumens gingen allerdings vielfach über das geplante Ausmaß hinaus.

Ungünstig hat sich in den letzten Jahren auch das Verkehrswesen, vor allem der Eisenbahntransport, entwickelt. Die Verkehrsleistung der letzen vier Jahre ist gegenüber der Vorperiode im Wachstum deutlich reduziert. Hierin spiegelt sich einmal die abgebremste Wachstumsdynamik der Produktion. Zum anderen machen sich aber auch der Mangel an Transportmitteln (Eisenbahnwaggons) und die Überlastung des Schienennetzes mit der Folge einer Verlangsamung des Gütertransportes nachteilig bemerkbar. Konsequenterweise hat Breshnew daher auch einen großen Teil seiner Rede auf dem 26. Parteitag den verkehrswirtschaftlichen Problemen gewidmet.

---

[2] Vgl. H. Clement, W. Schrettll, V. Vincentz: Das Echo der sowjetischen Mißernten: Agrar- statt Technologieimporte — Die sowjetische Wirtschaft 1981/1982 —, Arbeiten aus dem Osteuropa-Institut München, Working Papers, Nr. 87, Mai 1982, S. 7 ff.

Tabelle 2: **Produktion ausgewählter Industriezweige 1971-1982**
(Zunahme gegenüber Vorjahr in %)

	1971-1975	1976-1980	1976	1977	1978	1979	1980	1981	1981 Plan	1982 Plan
Stromerzeugung	7,1	4,9	7	3	5	3	5	2	3,5	2,6
Brennstoffindustrie	5,9	3,0	4	4	3	2	2	1	–	–
Eisen- u. Buntmetallurgie	5,9	1,7	4	2	2	0,2	0,6	0,5	–	–
Chemische u. erdölverarbeitende Industrie	10,5	5,8	8	7	6	3	6	5	5	–
Maschinenbau u. metallverarbeitende Industrie	11,6	8,2	10	9	9	8	6	6	6,1	–
Holz-, holzverarbeitende u. Papierindustrie	5,2	1,6	3	3	2	-2	2	3	–	–
Baustoffindustrie	7,3	1,9	4	3	2	-1	0,9	2	–	–
Leichtindustrie	4,6	3,2	4	4	4	2	3	3	4,3	–
Nahrungsmittelindustrie	5,2	1,4	-2,5	5	2	2	-0,3	2	5,1	–
Haushaltswaren und dauerhafte Konsumgüter	9,9	7,2	7	8	8	5	8	7	5,7	3,4
Industrie insgesamt	7,4	4,4	4,8	5,7	4,8	4,3	3,6	3,4	4,1	4,7

Quellen: Statistische Jahrbücher der UdSSR, Plandokumente, Planerfüllungsberichte.

Die ungünstige Entwicklung der sowjetischen Wirtschaft hat sich auch in einer deutlichen Untererfüllung des 10. Fünfjahresplanes (1976-1980) niedergeschlagen[3]. Vergleicht man die für das vergangene Planjahrfünft vorgegebenen Ziele mit den Ist-Werten, so ist der Abstand zwischen den geplanten und den erreichten Wachstumsraten beträchtlich. Der durchschnittliche Stand der Planerfüllung liegt in den meisten Wirtschaftsbereichen nur knapp über 90%. Deutliche Planrückstände zeigt auch die Produktion wichtiger industrieller Schlüsselprodukte. So fehlten im Jahre 1980 gegenüber den Ansätzen des 10. Fünfjahresplanes ca. 85 Mio. t Kohle, 37 Mio. t Erdöl, 20,5 Mio. t Stahl, 39 Mio. t Kunstdünger, 2,1 Mio. t Kunststoffe (= 37,2% der vorgesehenen Erzeugung), knapp 100 000 Kraftfahrzeuge, 2,05 Mrd. qm Stoffe und 66,5 Mio. Paar Lederschuhe.

Unerfüllt blieb der 10. Fünfjahresplan noch in einer anderen Hinsicht: Wieder sollte versucht werden, den mittelfristigen Plan zum Hauptplan der Wirtschaftstätigkeit der Betriebe zu machen, seine Ziele auf einzelne Wirtschaftsjahre aufzugliedern und hierdurch mehr Kontinuität und Planmäßigkeit in die mittelfristige Wirtschaftsentwicklung hineinzubringen. Auch sollte durch einen längeren Geltungszeitraum der betrieblichen Planauflagen der Dispositionshorizont der ausführenden Wirtschaftseinheiten erweitert und ihre Risikobereitschaft erhöht werden. Alle diese Vorhaben ließen sich nicht realisieren. Die tatsächliche Wirtschaftsentwicklung der UdSSR wich immer mehr vom planmäßig vorgegebenen Wachstumsrhythmus ab (vgl. Tabelle 6). Die Steuerung der Wirtschaft mußte wieder hauptsächlich durch Jahrespläne erfolgen, mit all den damit verbundenen, aus der Vergangenheit bekannten negativen Konsequenzen für die langfristige Koordinierung der Wirtschaft und die Leistungsbereitschaft der Betriebe.

2. Produktivitätsprobleme

Schwerer noch als das rückläufige Wirtschaftswachstum und das Nichterreichen der Planziele wiegt allerdings, daß die Entwicklung im Produktivitäts- bzw. Effizienzbereich so ungünstig verläuft. Breshnew hatte ja den 10. Fünfjahresplan unter das Motto „Fünfjahresplan der Effizienz und Qualität" gestellt. Die Grundkonzeption des Planes war es gewesen, die Entwicklung von Produktivität und Produktion von Jahr zu Jahr zu beschleunigen und dabei zugleich die Wachstumsraten der Investitionen kontinuierlich zu drosseln. Auch die Wachstumsraten des Arbeitskräfteeinsatzes sollten als Folge zunehmender Erschöpfung der Arbeitskräftereserven gesenkt werden. Mit der Absenkung des Wachstumstempos der Investitionen

---

[3] Zu den Zielsetzungen des 10. Fünfjahresplans vgl. H.-H. Höhmann, G. Seidenstecher: Sowjetunion, in: H.-H. Höhmann (Hrsg.): Die Wirtschaft Osteuropas und der VR China 1970-1980, Bilanz und Perspektiven, Stuttgart/Berlin/Köln/Mainz 1978, S. 38 ff.

Die sowjetische Wirtschaft zu Beginn der achtziger Jahre   73

Tabelle 3: **Durchschnittliche jährliche Wachstumsraten nach Planjahrfünften**

	1961-1965 Ist	1966-1970 Plan	1966-1970 Ist	1971-1975 Plan	1971-1975 Ist	1976-1980 Plan	1976-1980 Ist	1981-1985 Plan¹	1981-1985 Plan²
Nationaleinkommen, produziert	6,5	–	7,7	–	5,7	–	4,1	–	–
Beschäftigte im staatl. Sektor	4,3	–	3,1	–	2,4	–	1,9	–	–
Industrie									
Bruttoproduktion	8,6	8,0-8,5	8,4	8,0	7,4	6,3	4,4	4,7-5,0	4,7
Gruppe A	9,6	8,3-8,7	8,6	7,9	7,9	6,6	4,6	4,7-5,0	4,7
Gruppe B	6,3	7,4-7,9	8,3	8,3	6,5	5,7	3,8	4,8-5,2	4,8
Arbeitsproduktivität	4,6	5,8-6,1	5,7	6,8	6,0	5,4	3,2	4,2-4,5	4,2
Bauwirtschaft									
Bau- und Montagearbeiten	–	–	–	–	7,4	–	1,0	–	–
Arbeitsproduktivität	5,1	–	4,0	6,5	5,2	5,4	2,2	2,8-3,1	2,8
Landwirtschaft									
Bruttoproduktion	2,3	5,0	3,8	4,3	2,5	–	1,2	(4,5-5,0)a	4,0
Arbeitsproduktivität	3,3	6,9-7,7	6,1	–	3,6	–	2,6	(8,3-8,6)a	–
Verkehrswesen									
Gütertransport	7,9	–	6,6	6,2	6,3	5,7	3,4	–	3,6
Arbeitsproduktivität b)	5,4	4,2-4,5	4,9	–	4,4	3,7	0,1	1,9-2,2	2,0
Nationaleinkommen, verwendet	5,9	6,7-7,1	7,1	6,8	5,1	4,7	3,5	3,3-3,7	3,4
Einzelhandelsumsatz	5,9	6,9	8,1	7,2	6,3	5,1	4,5	4,0-4,5	4,2
Bruttoanlageinvestitionen	6,2	–	7,1	6,7	7,0	–	3,4	–	–
davon staatliche	7,1	–	7,6	–	7,1	2,7	3,5	(ca. 1,5)a	1,1
Außenhandelsumsatz	7,7c)	–	8,5c)	5,9-6,2	18,1c)	5,3-6,1	12,4c)	–	–
Verteilung									
durchschnittl. Monatseinkommen der Arbeiter und Angestellten	3,5	3,7	4,7	4,1	3,7	3,1	2,9	2,4-3,0	2,8
durchschnittl. monatl. Arbeitsentgelt der Kolchosbauern	–	6,1-6,9	7,2	5,5	4,2	4,7	4,8	3,7-4,0	3,8
Gesellschaftl. Konsumfonds	8,7	6,9	8,8	7,0	7,1	5,3	5,2	3,7	4,2

a) Aus den Planwerten für Jahresdurchschnitt 1981-1985 / 1976-1980 geschätzt. – b) Eisenbahntransport. – c) Zu laufenden Preisen. – ¹ „Grundrichtungen". – ² Plangesetz.

Quellen: Statistische Jahrbücher der UdSSR, Plandokumente, Planerfüllungsberichte.

sollte sich allerdings ein zwar reduzierter, aber immer noch vergleichsweise rasches Wachstum des Kapitalstockes verbinden. Dies sollte vor allem durch eine Konzentration der Investitionsmittel auf die Fertigstellung bisher unvollendeter Projekte ereicht werden. Tatsächlich wuchs der Kapitaleinsatz auch im 10. Planjahrfünft rasch. Dies ist allerdings auch darauf zurückzuführen, daß die Wachstumsrate der Investitionen höher ausfiel als geplant und offensichtlich auch die Aussonderungsrate beim Kapitalbestand, d. h. die Außerbetriebnahme von veralteten oder verschlissenen Anlagen, abgebremst worden ist. Eine Verbesserung der Umsetzung von Investitionen in produktionsbereites Anlagekapital gelang dagegen nur bedingt. Erst im letzten Jahr des Fünfjahresplanes gelang es (möglicherweise hauptsächlich durch den Rhythmus der mittelfristigen Planung bedingt), den Anteil unvollendeter Bauten am jährlichen Investitionsvolumen etwas zu senken (auf 87%), nachdem er von 1975 bis 1979 von 75 auf 91% angewachsen war.

Insgesamt wurden in keinem Bereich die Planziele so klar verfehlt wie bei der Produktivität. Bei der Arbeitsproduktivität etwa stehen sich folgende geplante und tatsächlich erreichte Steigerungssätze gegenüber: Industrie Plan 30,6%, Ist 16,9%; Bauwirtschaft Plan 30,3%, Ist 11,3%; Landwirtschaft (Jahresdurchschnitt 10. gegenüber Jahresdurchschnitt 9. Planjahrfünft) Plan 28,0%, Ist 15,5%; Eisenbahntransport Plan 20,0%, Ist 0,5%.

Wie die Entwicklung der Produktion, so verlief auch die Produktivitätsentwicklung in den Jahren ab 1979 besonders ungünstig. Hatte etwa das jahresdurchschnittliche Arbeitsproduktivitätswachstum in der Industrie von 1976 bis 1978 bei 3,6% gelegen, so sank es von 1979 bis 1982 auf 2,4% ab (vgl. zur Effizienzproblematik auch Tabelle 7).

3. Investitionen und Verbrauch

Das deutlich abgebremste Wirtschaftswachstum zeigte sich 1979-1982 auch auf der Verwendungsseite des Nationaleinkommens. Dabei nahm der Verbrauch im allgemeinen schneller zu als die Investitionen, wenn auch nicht in dem von den Fünfjahresplänen vorgesehenen Ausmaß. Das (inflationär überhöhte) Investitionswachstum hat sich 1981/82 wieder etwas beschleunigt. Obwohl versucht wird, den Wachstumsrückgang sich nicht voll auf die Konsumenten auswirken zu lassen, zeigt sich doch — wie auch im 10. Planjahrfünft — die Tendenz, auf unterplanmäßige Produktions- und Produktivitätsentwicklung mit beschleunigter Kapitalbildung zu reagieren. Das Wachstum des Verbrauchs lag zuletzt zwischen 2,5-3%. Die für den Einzelhandelsumsatz in den vergangenen Jahren angegebenen Wachstumsraten von 4-5,5% sind zweifellos inflationär überhöht. Demgegenüber war das Wachstum der Konsumgütererzeugung deutlich rückläufig, zuletzt vor

Tabelle 4: **Produktionsvolumen und Arbeitsproduktivität ausgewählter Industriezweige, 10. und 11. Planjahrfünft** (Jahresdurchschnittliches Wachstum in %)

	Produktion			Arbeitsproduktivität		
	1976-1980 Plan	1976-1980 Ist	1981-1985 Plan c)	1976-1980 Plan	1976-1980 Ist a)	1981-1985 Plan c)
Industrie insgesamt	6,1 - 6,8	4,4	4,7 - 5,0	5,3 - 6,0	3,2 b)	4,2 - 4,5
Gruppe A	6,6 - 7,2	4,6	4,7 - 5,0	–	–	–
Gruppe B	5,3 - 5,7	3,8	4,9 - 5,2	–	–	–
Chemische Industrie	9,8 - 10,5	5,8	5,3 - 5,8	9,7 - 9,9	4,2	5,0 - 5,3
Maschinenbau	8,3 - 9,8	8,2	6,9	8,5	6,5	5,5 - 6,1
Baustoffindustrie	ca. 5,3	1,9	3,1 - 3,5	4,3 - 4,7	1,2	3,0 - 3,5
Holz-, holzverarbeitende und Papierindustrie	4,0 - 4,5	1,6	3,1 - 3,5	4,5 - 4,8	1,7	3,0 - 3,3
Leichtindustrie	4,7 - 5,0	3,2	3,3 - 3,7	4,2 - 4,5	2,8	3,0 - 3,7
Nahrungsmittelindustrie	4,2 - 4,5	1,4	4,2 - 4,7	4,3 - 4,7	0,9	3,8 - 4,2
Haushaltswaren	ca. 9,8	7,2	6,9	–	–	–

a) 1976-1979. – b) 1976-1980. – c) „Grundrichtungen".
Quellen: Statistische Jahrbücher der UdSSR, Plandokumente, Planerfüllungsberichte.

allem in der Leichtindustrie und bei dauerhaften Konsumgütern. Aufgrund der Produktionsrückgänge in der sowjetischen Landwirtschaft in den Jahren ab 1979 kam es insbesondere bei Fleischprodukten zu Versorgungsengpässen. Allerdings wurde durch Fleischimporte versucht, die Stagnation der eigenen Erzeugung nicht voll auf die Versorgung durchschlagen zu lassen[4].

Die Vermutung wachsenden inflationären Drucks wird durch eine Reihe von Daten des Verteilungsbereiches gestützt. So nahmen die durchschnittlichen Monatseinkommen der Arbeiter und Angestellten im allgemeinen schneller zu als in den Jahresplänen vorgesehen. Diese auf eine „Lohndrift sowjetischen Typs" zurückzuführende Einkommensentwicklung ließ sich allerdings (wegen der schlechten Ernten) im Bereich der Landwirtschaft nicht beobachten.

4. Außenwirtschaftliche Probleme

Auf der positiven Seite einer Bilanz des 10. Planjahrfünfts steht vor allem die Verbesserung der Terms of trade im sowjetischen Außenhandel[5]. Die Sowjetunion konnte als wichtiger Produzent und Exporteur von Energie- und anderen Rohstoffen Nutzen aus den erheblichen Preissteigerungen für solche Produkte auf den Weltmärkten ziehen. Anders als zu Beginn des 10. Planjahrfünfts hatte sie an der Wende zu den achtziger Jahren keine nennenswerten Zahlungsbilanzprobleme gegenüber dem Westen. Die Konsolidierung der Außenwirtschaftsentwicklung ist allerdings auch auf die Mitte der siebziger Jahre eingeleitete Politik der Importrestriktion zurückzuführen (vgl. Tabellen 9 und 10).

Mittlerweile hat sich die außenwirtschaftliche Situation der Sowjetunion in zweierlei Hinsicht wieder verschlechtert. Einmal nahm die Nettoverschuldung gegenüber westlichen Industrieländern 1981/82 wieder zu, und es zeigen sich Anspannungen in der Devisensituation. War die Netto-Westverschuldung der Sowjetunion von 1975 bis 1980 um knapp eine Milliarde Dollar angewachsen, so nahm sie allein 1981 um 1,5 Milliarden Dollar zu[6]. Das erneute Hartwährungsdefizit ist sowohl auf abgebremstes Wachstum der Exporterlöse als auch auf den erhöhten Devisenbedarf im Zusammenhang mit umfangreichen Importen von Getreide und Stahlprodukten zurückzuführen. Die Bilanz der Sowjetunion im Handel mit nichtsozialisti-

---

[4] Vgl. Sowjetunion 1980/81, Ereignisse, Probleme, Perspektiven, hrsg. vom Bundesinstitut für ostwissenschaftliche und internationale Studien, Köln/München 1981, S. 135 sowie S. 165 ff.

[5] Vgl. Sowjetunion 1980/81, S. 146 ff.

[6] Vgl. East European and Soviet Hard-Currency Trade and Debt in 1981, Centrally Planned Economies Current Analysis, Wharton Econometric Forecasting Associates, 27. 4. 1982.

Tabelle 5: Entwicklung des sowjetischen Außenhandels 1970-1980

Länder bzw. Ländergruppen	Ausfuhr[a]				Einfuhr[a]				Handelsbilanzsaldo[b]			
	Anteile an Gesamtausfuhr bzw. -einfuhr in %								Mrd. Transfer-Rubel (TRbl)[c]			
	1970	1971/75	1976/79	1980[a]	1970	1971/75	1976/79	1980[d]	1970	1971/75	1976/79[e]	1980[d]
Alle Länder	100	100	100	100	100	100	100	100	0,9	0,1	7,0	4,7
Sozialistische Länder[f]	65,2	59,7	57,7	53,6	65,1	57,7	56,2	53,4	0,6	1,8	6,0	2,6
RGW-Länder[g]	59,1	54,1	53,0	48,4	61,3	53,5	52,0	48,8	0,3	0,6	5,0	2,1
Bulgarien	7,0	8,1	8,2	7,2	9,4	8,2	8,2	8,0	-0,2	-0,1	0,5	0
ČSSR	9,6	8,6	8,2	7,4	10,4	8,6	8,2	8,2	0	0	0,5	0
DDR	14,8	12,1	10,8	9,6	15,1	12,5	10,2	9,5	0,1	-0,3	1,6	0,5
Polen	10,4	9,7	9,5	8,8	10,4	9,8	9,6	8,6	0,1	-0,1	0,5	0,5
Rumänien	3,5	3,2	2,7	2,6	3,6	3,6	2,9	3,1	-0,1	-0,4	-0,1	-0,1
Ungarn	7,0	6,5	6,5	5,8	6,6	6,5	6,4	6,2	0,1	0	0,5	0,1
OECD-Länder	19,1	25,0	27,5	33,7	24,5	31,2	35,0	35,0	-0,4	-5,3	-8,1	1,0
EG-Länder	10,4	13,4	16,5	23,3	12,3	14,6	15,5	16,6	-0,1	-1,5	2,5	4,1
Bundesrepublik Deutschland	1,7	3,3	4,4	5,8	2,8	6,8	6,5	6,7	-0,1	-2,3	-2,4	-0,1
Frankreich	0,9	1,9	2,8	4,8	2,8	2,8	3,0	3,5	-0,2	-0,8	-0,1	0,8
Großbritannien	3,5	3,5	2,7	1,6	1,9	1,3	1,7	2,2	0,2	1,9	1,4	-0,2
Italien	1,7	2,7	3,3	4,4	2,8	2,5	2,6	2,0	-0,1	0,1	1,1	1,3
Finnland	2,6	3,4	3,2	4,6	2,8	2,8	3,3	3,5	-0,1	0,5	0,1	0,7
Japan	1,7	3,9	2,4	2,2	2,8	3,7	4,8	3,8	-0,1	0,1	-3,1	-0,6
Österreich	0,9	0,8	1,0	1,2	0,9	0,8	0,8	0,9	0	0	0,3	0,2
USA	0,9	0,7	0,8	0,4	0,9	4,2	5,5	2,9	0	-3,0	-6,2	-1,2
Entwicklungsländer[h]	15,7	15,3	14,8	12,7	10,4	11,1	8,8	11,6	-0,4	3,6	9,0	1,3

a) Fob-Werte in jeweiligen Preisen und Wechselkursen. – b) Defizit. – c) 1 TRbl bis 1971 = 1,11 US-$, 1972 = 1,22 US-$, 1973 = 1,35 US-$, 1974 = 1,32 US-$, 1975 = 1,39 US-$, 1976 = 1,33 US-$, 1977 = 1,36 US-$, 1978 = 1,47 US-$ und 1979 sowie 1980 = 1,53 US-$. – d) Mit der Zuwachsrate für die ersten neun Monate hochgerechnet. – e) Kumulierte Werte. – f) RGW-Staaten und VR China, Jugoslawien, Nordkorea und Vietnam (bis 1977). – g) Bulgarien, ČSSR, DDR, Kuba (seit 1972), Mongolei, Polen, Rumänien, Ungarn und Vietnam (seit 1978). – h) Gruppenausweis.

Quellen: Außenhandelsjahrbuch der UdSSR (russisch), diverse Jahrgänge, und Außenhandel der UdSSR, Nr. 12/1980, erstellt von Heinrich Machowski, Berlin, für den Zweijahresbericht „Sowjetunion 1980/81", hrsg. vom Bundesinstitut für ostwissenschaftliche und internationale Studien, Köln (in Vorbereitung).

Tabelle 6: **Außenhandel der UdSSR (1978-1981)**[a]

Länder bzw. Ländergruppen	Ausfuhr					Einfuhr				
	Mrd. R. 1980	Veränderung gegenüber Vorjahr in % [b]				Mrd. R. 1980	Veränderung gegenüber Vorjahr in % [b]			
		1978	1979	1980	1981[c]		1978	1979	1980	1981[c]
Alle Länder	49,7	7,2	18,9	17,0	15,4	44,5	14,8	9,6	17,4	21,1
Sozialistische Länder[d]	26,9	11,1	11,2	13,9	15,7	23,6	20,8	3,3	10,3	12,1
RGW-Länder[e]	24,3	13,3	9,6	13,7	16,5	21,4	22,3	3,4	7,4	8,5
Bulgarien	3,7	18,3	5,4	10,5	19,8	3,4	20,2	5,9	8,4	4,5
ČSSR	3,6	12,0	12,0	8,5	15,1	3,5	25,5	4,4	11,1	16,9
DDR	4,9	8,8	5,9	15,6	13,4	4,3	21,0	5,6	10,5	20,8
Polen	4,4	7,9	11,2	14,8	14,2	3,6	25,3	3,3	-3,7	-12,3
Rumänien	1,4	-3,2	11,0	25,3	15,5	1,4	-4,2	9,1	35,0	16,2
Ungarn	3,0	16,0	14,4	8,8	13,2	2,8	24,0	-0,7	14,2	18,6
Westliche Industrieländer	15,0	-1,0	43,7	26,8	8,0	15,7	10,6	20,7	18,7	20,1
Bundesrepublik Deutschland	2,9	11,5	47,2	42,5	38,7	2,9	10,6	15,4	25,9	-8,2
Frankreich	2,2	2,4	69,8	57,3	10,9	1,5	7,8	22,9	26,1	4,3
Italien	2,1	2,0	16,2	62,6	20,0	0,9	8,5	0,5	8,2	16,9
Großbritannien	0,9	-12,7	27,7	-21,4	-8,0	1,0	76,6	21,2	17,5	7,9
Finnland	2,0	-4,4	46,9	37,8	10,7	1,9	5,6	-4,1	63,9	66,7
Japan	1,0	-13,8	28,3	0,6	-17,6	1,8	9,6	4,9	7,2	25,9
Österreich	0,6	5,3	19,1	31,3	46,1	0,4	3,3	35,3	7,6	38,6
USA	0,2	-6,8	37,3	-56,9	6,6	1,4	27,3	55,4	-45,7	20,0
Entwicklungsländer[f]	6,9	17,1	10,1	9,2	32,0	5,1	-5,4	12,6	59,7	66,6

a) Fob-Werte in jeweiligen Preisen und Wechselkursen. – b) Die prozentualen Veränderungen gegenüber dem Vorjahr wurden aufgrund der in den sowjetischen Quellen in Millionen Rubel angegebenen Ausfuhr- bzw. Einfuhrwerte berechnet, wohingegen in der vorliegenden Tabelle die Ein- bzw. Ausfuhrwerte in Milliarden Rubel angegeben und die Stelle nach dem Komma auf- bzw. abgerundet wurden. – c) Januar-September. – d) RGW-Länder und VR China, Jugoslawien, Nordkorea. – e) Bulgarien, ČSSR, DDR, Kuba, Mongolei, Polen, Rumänien, Ungarn, Vietnam. – f) Soweit amtlich ausgewiesen.

Quellen: Außenhandelsjahrbücher der UdSSR, diverse Jahrgänge, und Außenhandel (UdSSR) 12/1981, Beilage.

schen Ländern war nach einem beträchtlichen positiven Saldo 1980 im Jahre 1981 negativ. Was die Warenstruktur der sowjetischen Importe betrifft, so zeigt sich aufgrund der Mißernten eine deutliche Verlagerung von Maschinen- und Ausrüstungsimporten zu Importen von Futtergetreide und Nahrungsmitteln. Erschwerend wirkt sich die Reaktion des Westens nach der Verhängung des Kriegsrechts in Polen auf die wirtschaftlichen Beziehungen zu den westlichen Industrieländern aus. Vor allem die amerikanische Haltung hat sich im Zusammenhang mit dem Erdgas-Röhren-Geschäft weiter verschärft. Generell ist das Ost-West-Klima so abgekühlt, daß vorerst keine belebenden Impulse für die Wirtschaftsbeziehungen zum Westen zu erwarten sind. So erhält die Sowjetunion mit Sicherheit fürs erste weniger Kredite, Waren und technisches Know-how als von ihr erwünscht.

Als zweiter negativer außenwirtschaftlicher Faktor wirkt die schlechte Wirtschaftslage der kleineren RGW-Länder, die noch größere Schwierigkeiten haben als die Sowjetunion. Will die Sowjetunion dazu beitragen, in diesen Ländern weitere Verschlechterungen der wirtschaftlichen Lage mit möglichen politischen Auswirkungen zu vermeiden, so wird sie in direkter oder indirekter Form wachsende ökonomische Kosten auf sich nehmen müssen. Hinzu kommen die zur Milderung der polnischen Wirtschaftskrise erforderlichen Hilfeleistungen.

So war es insgesamt eine wirtschaftspolitisch schwierige Zeit, in der die sowjetischen Planer den 11. Fünfjahresplan ausarbeiten mußten und in die sein Start fiel. Ziele und Aussichten des laufenden mittelfristigen Planes werden im nächsten Abschnitt erörtert.

II. Der 11. Fünfjahresplan der Sowjetunion

1. Grundcharakter des Plans

In Anbetracht der skizzierten ungünstigen Wirtschaftsentwicklung sowohl im gesamten 10. Planjahrfünft als auch in besonderem Maße in seinen beiden letzten Jahren überraschten die wiederum ehrgeizigen Zielsetzungen des 11. Fünfjahresplans. Ein erster Planentwurf wurde unter der Überschrift „Grundrichtungen der wirtschaftlichen und sozialen Entwicklung der Volkswirtschaft im 11. Planjahrfünft und bis 1990" im Dezember 1980 veröffentlicht[7]. Die Veröffentlichung in der sowjetischen Presse wurde mit einer Aufforderung zur „Volksaussprache" verbunden. In den darauffolgenden Wochen druckte die sowjetische Tages- und Fachpresse eine Reihe von Diskussionsbeiträgen ab, die sich allerdings in der zweiten Fassung der

---
[7] Pravda vom 2. 12. 1980.

Tabelle 7: Produktion ausgewählter Industrieerzeugnisse 1975-1985

		1975	1980 Plan	Zunahme in %	1980 Ist	Planerfüllung in %	1985 Plan[b]	Zunahme in %[a]
Elektroenergie	Mrd. kWh	1038	1380	33	1295	94	1550 - 1600	20
Erdöl	Mio. t	491	640	30	603	94	620 - 645	5
Erdgas	Mrd. m³	289	435	50	435	100	600 - 640	43
Kohle	Mio. t	701	805	15	716	89	770 - 800	10
Stahl	Mio. t	141	168,5	19	148	88	—	—
Fertigwalzgut aus Eisenmetallen	Mio. t	99	117,5	19	103	88	117 - 120	15
Mineraldünger	Mio. t	90	143	60	104	73	150 - 155	47
Chemiefasern	1000 t	955	1460	53	1200	82	1600	33
Zement	Mio. t	121		20[a]	124		140 - 142	14
Automobile	1000 St.	1964	2296,6	17	2199	96	—	—
Stoffe	Mrd. m²	9,95	12,75	28	10,7	84	12,7	18
Lederschuhe	Mio. Paar	698,1	810,5	16	744	92	830	11,5

a) Mittlerer Wert. — b) „Grundrichtungen".

Quellen: Statistische Jahrbücher der UdSSR, Plandokumente, Planerfüllungsberichte.

Tabelle 8: Wirtschaftliche Entwicklung im 10. Planjahrfünft, Plan und Ist
(1975 = 100)

	1976 Plan	1976 Ist	1976 Abweichung[a]	1977 Plan	1977 Ist	1977 Abweichung[a]	1978 Plan	1978 Ist	1978 Abweichung[a]	1979 Plan	1979 Ist	1979 Abweichung[a]	1980 Plan	1980 Ist	1980 Abweichung[a]
Nationaleinkommen, verw.	105,4	105	– 0,4	109,7	109	– 0,7	114,6	114	– 0,6	120,2	116	– 4,2	126	120,4	– 5,6
Industrieproduktion	104,3	105	+ 0,7	110,9	111	+ 0,1	117,6	116	– 1,6	125,7	120	– 5,7	136	124,3	– 11,7
Gruppe A	104,9	105	+ 0,1	111,8	112	+ 0,2	119	117	– 2,0	127,4	121	– 6,4	138	125,4	– 12,6
Gruppe B	102,7	103	+ 0,3	108,6	108	– 0,6	114,1	113	– 1,1	121,1	117	– 4,1	132	121	– 11,0
Investitionen, staatl.	105,1	104	– 1,1	108,9	108	– 0,9	112,1	115	+ 2,9	114,3	116	+ 1,7	114,6	118,3	+ 3,7
Gütertransport	105,7	104	– 1,7	111,3	108	– 3,3	118,2	114	– 4,2	124,9	115	– 9,9	132	118,5	– 13,5
Arbeitsproduktivität															
Industrie	103,4	103	– 0,4	108,8	107	– 1,8	114,7	111	– 3,7	121,8	114	– 7,8	130,6	117	– 13,6
Bauwirtschaft	105,5	103	– 2,5	109,8	106	– 3,8	116,2	109	– 7,2	123	110	– 13,0	130,3	111,3	– 19,0
Eisenbahntransport	103	101	– 2,0	105,6	102	– 3,6	110	103	– 7,0	114,7	100,3	– 14,4	120	100,5	– 19,5
Einzelhandelsumsatz	103,6	105	+ 1,4	109,1	109	– 0,1	115,8	114	– 1,8	122	118	– 4,0	128,7	124,3	– 4,4

a) Indexpunkte.
Quellen: Plandokumente, Statistische Jahrbücher der UdSSR.

„Grundrichtungen", die auf dem 26. Parteitag der KPdSU Ende Februar 1981 erörtert wurde, kaum niedergeschlagen haben[8]. Über die endgültige Form des 11. Fünfjahresplans faßte dann der Oberste Sowjet im November 1981 Beschluß[9].

In Wachstumsdynamik und Entwicklungsproportionen knüpft der 11. Fünfjahresplan an den 10. Fünfjahresplan an. Die Wachstumsdynamik, die für die Zeit bis 1985 vorgesehen wurde, ist im wesentlichen eine Fortschreibung des von 1976 bis 1980 erreichten Durchschnittswertes. Tabelle 3 zeigt eine Gegenüberstellung der sowjetischen Wirtschaftsentwicklung im vergangenen und der Zielsetzungen für das laufende Planjahrfünft. Für das Nationaleinkommen verwendet als zusammenfassender Maßstab der wirtschaftlichen Gesamtentwicklung wurde beispielsweise eine jahresdurchschnittliche Wachstumsrate von 3,4% vorgesehen. Im Durchschnitt der Jahre 1976-1980 hatte das Wachstumstempo des Nationaleinkommens ebenfalls 3,4% betragen. In vielen Wirtschaftszweigen ist allerdings eine deutliche **Beschleunigung des wirtschaftlichen Wachstums beabsichtigt. Dies gilt** vor allem für jene Bereiche, die sich in der Zeit von 1976 bis 1980 besonders ungünstig entwickelt haben. So soll beispielsweise die Wachstumsrate der industriellen Konsumgütererzeugung (Gruppe B der Industrieproduktion) um einen Prozentpunkt auf fast 5% angehoben werden. Das Durchschnittswachstum in der Vorperiode lag bei 3,8%. Noch rascher ist die Wachstumsbeschleunigung, die für die Landwirtschaft vorgesehen ist. Hier soll die jahresdurchschnittliche Wachstumsrate der Bruttoerzeugung von 1,2% auf nicht weniger als 4% gesteigert werden. Auch bei den einzelnen Industriezweigen fand das Prinzip der Fortschreibung bei struktureller Homogenisierung Anwendung. Im großen und ganzen auf der Höhe der vergangenen fünf Jahre blieben neben der Wachstumsrate der Gesamterzeugung die Wachstumsraten der Gruppe A (Produktionsmittel), der chemischen Industrie, des Maschinenbaus, der Leichtindustrie und der Erzeugung dauerhafter Konsumgüter. Deutlich gesteigert werden soll dagegen das Wachstum der Baustoffindustrie, der Holz-, holzverarbeitenden und Papierindustrie sowie — und dies in besonderem Maße — der Nahrungsmittelindustrie. Eine nachhaltige Wachstumsverbesserung gegenüber der Vorperiode ist auch für die Produktivitätsentwicklung vorgesehen. So soll sich die Arbeitsproduktivität in allen Bereichen beschleunigt entwickeln. Dies ist Ausdruck der fortgesetzten Intensivierungsanstrengungen. Auch der 11. Fünfjahresplan wird als „Fünfjahresplan der Effizienz und Qualität" verstanden, wenn Breshnew auch seine alte Losung durch die neue handliche Formel: „Die Wirtschaft muß wirtschaftlich sein, dies ist das Gebot der Zeit" ersetzt hat[10].

---

[8] Pravda vom 5. 3. 1981.
[9] Pravda vom 18. und 20. 11. 1981.
[10] Pravda vom 24. 2. 1981.

Das bei der Aufstellung der Wachstumsziele angewendete Prinzip: Vergangenes Wachstum plus Zuschläge für Engpaß-Sektoren ist jedoch ein problematisches Prinzip. Einmal haben die sowjetischen Planer der ungünstigen Entwicklung der Jahre 1979-1981 keinen Trendcharakter beigemessen und sich sozusagen an den besseren Jahren des 10. Planjahrfünfts (1976-1978) orientiert. Dies mag noch verständlich sein für die „Grundrichtungen" vom Dezember 1980, denn sie wurden vorbereitet, bevor die ungünstige Entwicklung dieses Jahres voll bekannt war. Nachdem aber das Jahr 1980 nicht zufriedenstellend verlaufen war und sich im Jahre 1981, dem ersten Jahr des neuen Planjahrfünfts, keine Wende zum Besseren vollzog, verwundert es sehr, daß die sowjetischen Planer bei der Endfassung des 11. Fünfjahresplans, die dem Obersten Sowjet im November 1981 zur endgültigen formellen Beschlußfassung vorlag, keine weiterreichenden Konsequenzen gezogen haben. Tabelle 11 zeigt die endgültigen Planziele im Vergleich zu den ursprünglichen Spannen, die in den „Grundrichtungen" des Parteitages enthalten waren. Dabei zeigt sich, daß in keinem Fall der untere Wert der Limite unterschritten wurde und in einigen Fällen mittlere, ja sogar höhere Werte vorgesehen wurden.

Das bedeutet zunächst einmal, daß der 11. Fünfjahresplan wiederum ein unrealistischer Plan ist. Die gleichfalls im November 1981 bekanntgegebene Aufteilung der Planziele auf die einzelnen Planjahre zeigt, daß der Plan allenfalls bis 1983 als einigermaßen real bezeichnet werden kann und die für 1984 und 1985 vorgesehenen Leistungssprünge von vornherein unerreichbar sind[11]. Aber auch um die relativ moderat erscheinenden Ziele für 1982 und 1983 zu erreichen, mußte der Jahresplan für 1982 in Anbetracht der ungünstigen Entwicklung des Jahres 1981 unerreichbar hoch angesetzt werden. Die bisherige (August 1982) Entwicklung zeigt, daß der diesjährige Jahresplan deutlich verfehlt wird.

Außerdem zeigen die Plandaten in ihrer sektoralen und zeitlichen Aufgliederung ein hohes Maß sowohl an rechnerischer als auch an faktischer Inkonsistenz. Was rechnerische Inkonsistenz betrifft, so ist beispielsweise für 1982 ein höheres Wachstum der gesamten Industrieproduktion vorgesehen als für die beiden Hauptkomponenten der Industrieproduktion, die Gruppe A (Produktionsmittel) und die Gruppe B (Konsumgüter). Faktisch inkonsistent scheinen beispielsweise die Planung der Produktion im Verhältnis zu den vorgesehenen Investitionen, die Ziele der Konsumgütererzeugung im Verhältnis zur geplanten Entwicklung des Einzelhandelsumsatzes und die Planauflagen des Verkehrs im Verhältnis zu den Planzielen der Industrieproduktion zu sein.

Aus den geschilderten Charakterzügen des Planes als unrealistischer, wiederum äußerst angespannter Plan und als Plan, der in formaler und inhaltli-

---
[11] S. Plangesetz, Pravda vom 20. 11. 1981.

cher Hinsicht inkonsistent ist, folgt, daß die sowjetische Wirtschaftspolitik wiederum keinen operativen Fünfjahresplan zur Verfügung hat. Es war ja die Absicht des Reformdekrets von 1979, Planern und Betrieben durch die Aufgliederung erreichbarer Planziele auf einzelne Planjahre eine stabile Leistungsorientierung vorzugeben. Hierdurch sollten nicht nur informatorische Transparenz und planerische Konsistenz des Wirtschaftsprozesses verbessert, sondern vor allem auch den Betrieben verläßliche Orientierungen geboten werden, die Grundlage der dringend erwünschten Leistungsmobilisierung sein konnten. Die Betriebe sollten beispielsweise in der Lage sein, Soll und Haben einzelner Planjahre längerfristig auszugleichen, ohne dem Risiko kurzfristiger Plananpassungen mit tiefgreifender Änderung ihrer Erfolgs- (und das heißt Prämien-)Perspektiven ausgesetzt zu sein. Der ehrgeizige Plan für 1982 bedeutete dann zusätzlich, daß die sowjetische Wirtschaft zumindest für dieses Jahr auch ohne einen operationalen Jahresplan auskommen muß. Insgesamt muß also wieder ein Mechanismus des „Weiterwurstelns vom Status quo aus" praktiziert werden mit allen aus der Vergangenheit bekannten negativen Auswirkungen auf die Qualität der Planung und das Leistungsverhalten der Betriebe[12].

2. Gründe des Planoptimismus

Was sind die Gründe für den wiederum offenkundig übertriebenen Planoptimismus? Einmal wohl ganz einfach die Tatsache, daß sich in einer Planwirtschaft, die traditionell wachstumsorientiert ist, ein gravierender Rückgang der Wachstumsraten zwar hinnehmen, aber kaum einplanen läßt. Wollten die sowjetischen Planer die Wachstumsbedingungen des kommenden Planjahrfünfts, die sich ja deutlich verschlechtert haben, im Plan verankern und zudem noch Reserven schaffen, um eine höhere Beweglichkeit sicherzustellen und die traditionelle, für viele Schwierigkeiten verantwortliche Anspannung der Pläne abzubauen, so hätten sie ein gesamtwirtschaftliches Wachstum von nur wenig über 2% vorsehen müssen. Raten um 2% lassen sich aber in der sowjetishen Wirtschaft offensichtlich allenfalls ex post konstatieren, nicht aber als Planziele in einem Partei- und Regierungsdokument verankern.

Die zu anspruchsvolle Planung für das 11. Planjahrfünft hängt auch mit einem weiteren Faktor zusammen, der der sowjetischen Wirtschaftspolitik schon des öfteren übertrieben hochgespannte Planziele beschert hat, dem ideologisch bedingten „Historischen Optimismus" des Systems[13]. Die

---

[12] Vgl. H.-H. Höhmann: Veränderungen im sowjetischen Wirtschaftssystem: Triebkräfte, Dimensionen und Grenzen, Berichte des Bundesinstituts für ostwissenschaftliche und internationale Studien, Köln 1980, Nr. 37.

marxistisch-leninistische Weltsicht ist bei allen Enttäuschungen, die der sowjetischen Führung in wirtschaftlicher Hinsicht gerade in der letzten Zeit bereitet wurden, eine Weltsicht des „morgen wird es besser". Insofern werden Wachstumsschwierigkeiten immer zu sehr als kurzfristige Störungen aufgefaßt, die einen insgesamt positiven Trend nicht in Frage stellen können.

Ein weiterer Grund für angespannte Pläne liegt in den Legitimations-, Demonstrations- und Motivationsfunktionen des Plans. Nicht zuletzt durch die Wirtschaftsplanung legitimiert sich das politische System der UdSSR. Nicht ohne Grund hat man den Rhythmus der Parteitage an den Rhythmus der mittelfristigen Planung angepaßt. Was die Demonstrationsnotwendigkeit betrifft, so hat sich die sowjetische Politik durch das stete Betonen der Überlegenheit sozialistischer Systeme dem Zwang ausgesetzt, nach außen und nach innen die wirtschaftliche Stärke des Landes nachdrücklich zu demonstrieren. Nach innen soll diese Demonstration nicht zuletzt auch der Verbesserung der Arbeitsmotivation dienen.

Schließlich ist darauf hinzuweisen, daß Fünfjahrespläne als Kompromisse zwischen Interessengruppen zustande kommen. Dies führt dazu, daß — um Ressourcenanforderungen in Grenzen zu halten — insbesondere die Produktivitätserwartungen oft zu hoch angesetzt werden und vielfach auch schon über Kapazitäten verfügt wird, deren rechtzeitige Fertigstellung höchst zweifelhaft ist.

Die Folgen eines überoptimistischen Planes sind auf der einen Seite ein angespanntes Plangefüge und damit fehlende Orientierung auf Qualität, Innovation, bedarfsgerechte Sortimente u. dgl. sowie eine Fortsetzung des betrieblichen Hortungsverhaltens. Auf der anderen Seite besteht die Gefahr einer Fehlperzeption der Wirtschaftslage und ihrer Tendenzen durch die sowjetische Führung („Es wird besser, also brauchen wir keine Veränderungen unseres Wirtschaftssystems und unserer wirtschaftspolitischen Konzeptionen"). Die Folgen dieser Einstellung sind das Unterlassen notwendiger Reformen und das Festhalten an obsolet gewordenen strukturellen Entwicklungsproportionen, ohne die erforderlichen Korrekturen durchzuführen.

3. Die Engpaßbereiche des 11. Fünfjahresplanes

Wie bereits erläutert, stellt auch der 11. Fünfjahresplan trotz der gegenüber vergangenen Fünfjahresplänen reduzierten Ansprüche einen äußerst angespannten Plan dar. Auch bei der Verabschiedung des endgültigen Planes im November 1981 wurde die beträchtliche Verschlechterung der Wirt-

---

[13] Vgl. H.-H. Höhmann: Grenzen für Wirtschaftsreformen in der UdSSR: Welche Rolle spielt die Ideologie?, Berichte des Bundesinstituts für ostwissenschaftliche und internationale Studien, Köln 1982, Nr. 25.

schaftslage in den Jahren 1979-1981 außer Betracht gelassen, bzw. es wurde ihr keinerlei Trendcharakter beigemessen. Doch auch, wenn man den sowjetischen Planern in der Annahme folgt, der Wachstumsrückschlag dieser drei Jahre beruhe auf Sondereinflüssen, die sich so schnell nicht wiederholen, bleiben die Planziele äußerst anspruchsvoll. Neben der langfristig zunehmenden Knappheit an Arbeitskräften zeichneten sich fünf binnenwirtschaftliche Engpässe von vornherein ab: der Produktivitätsengpaß, der Investitionsengpaß, der Energieengpaß, der Landwirtschaftsengpaß und der Konsumgüterengpaß. Dazu kommen zunehmende Schwierigkeiten im RGW-Bereich sowie die mit den gegenwärtigen außenpolitischen Spannungen verbundenen wirtschaftlichen Ost-West-Probleme.

a) Produktivitätsengpaß

Was den Produktivitätsengpaß betrifft, so setzt die Erfüllung der Ziele des 11. Fünfjahresplanes erhebliche Produktivitätssteigerungen voraus. In der sowjetischen Industrie beispielsweise soll die jahresdurchschnittliche jährliche Wachstumsrate der Arbeitsproduktivität von 3,2% (1976-1980) auf 4,2% (1981-1985) gesteigert werden. Anstelle der bisherigen 75 sollen 90% der zusätzlichen Produktion durch Produktivitätszuwächse gesichert werden. Noch deutlicher wird der zur Planerfüllung erforderliche Produktivitätssprung, wenn man den Planwert für 1981-1985 nicht mit dem Durchschnittswachstum der ganzen Vorperiode (3,2%), sondern mit dem der Jahre 1979-1981 (2,6%) vergleicht. Besonders problematisch ist, daß die vorgesehene Arbeitsproduktivitätssteigerung erreicht werden soll, obwohl das Wachstum der Kapitalausstattung der Arbeit rückläufig ist. Nahm die Fondsausstattung der Arbeit in der Industrie (Einsatz von produktivem Anlagevermögen je Arbeitskraft) von 1976 bis 1980 um jahresdurchschnittlich 6,4% zu, so ist für das 11. Planjahrfünft ein Wachstum von 6,1% vorgesehen. Ob diese reduzierte Rate bei dem stark eingeschränkten Investitionswachstum erreicht werden kann, bleibt abzuwarten.

Auch in den anderen Wirtschaftsbereichen wird mit einer beträchtlichen Beschleunigung des Arbeitsproduktivitätswachstums gerechnet (vgl. Tabelle 1). Außer bei der Arbeitsproduktivität sollen auch bei der Kapitalproduktivität Verbesserungen erreicht werden. Trat in der sowjetischen Industrie von 1976 bis 1980 eine jahresdurchschnittliche Produktivitätsverschlechterung von 2,8% ein, so soll das Abfallen der Kapitalproduktivität im kommenden Planjahrfünft auf jahresdurchschnittlich unter 2% (minus 1,8%) abgebremst werden.

Auch in anderer Hinsicht soll die Effizienz des Produktionsprozesses gesteigert werden. Brennstoffe, Rohstoffe und Materialien sollen sparsam

Tabelle 9: **Wachstums- und Effizienzkennziffern der sowjetischen Industrie**
(jahresdurchschnittliches Wachstum nach Planjahrfünften in %)

		1965-1970	1971-1975	1976-1980	1981-1985 Plan
(1)	Bruttoproduktion	8,4	7,4	4,4	4,7
(2)	Beschäftigung	2,8	1,5	1,7	0,5
(3)	Produktives Anlagevermögen (Grundfonds)	8,7	8,5	7,4	6,6
(4)	Bruttoanlageinvestitionen	7,6	7,1	6,0	5,1
(5)	Arbeitsproduktivität	5,7	6,0	3,2	4,2
(6)	Kapitalproduktivität	-0,2	-1,1	-2,8	-1,8
(7)	Anlagevermögen je Beschäftigten (Kapitalausstattung)	6,0	7,2	6,4	6,1
(8)	Verhältnis Wachstum Kapitalausstattung (7): Wachstum Arbeitsproduktivität	1,05	1,2	2,0	1,5
(9)	Elektroenergieverbrauch	6,9	6,1	3,6	—
(10)	Verhältnis Wachstum Elektroenergieverbrauch (9): Wachstum Bruttoproduktion	0,82	0,82	0,82	—

Quellen: Statistische Jahrbücher der UdSSR, Plandokumente.

eingesetzt werden. Dasselbe gilt für das Anlagevermögen. So erklärte Ministerpräsident Tichonov auf dem 26. Parteitag: „Eine Schlüsselaufgabe im 11. Fünfjahresplan ist die vollständigere und effizientere Nutzung der Produktionsfonds."[14]

So plausibel und notwendig das Streben nach Intensivierung, nach Produktivitätssteigerung und Effizienzverbesserung ist, nach den Erfahrungen der Vergangenheit und aufgrund nicht vorhandener Änderungstendenzen für die Zukunft muß bezweifelt werden, daß die hier angestrebten Fortschritte erreichbar sind. Es dürfte nicht leicht sein, die bisherigen Grenzen für zügige Produktivitätssteigerungen zu überwinden, insbesondere die Investitionsträgheit des sowjetischen Wirtschaftssystems und die schwache Arbeitsmotivation. Dazu kommt, daß die notwendigen Strukturwandlungen eher auf eine Bevorzugung von Zweigen mit insgesamt höheren Kapitalkoeffizienten hinauslaufen. Hierzu gehören vor allem der Energiebereich, die Verkehrsinfrastruktur und die Landwirtschaft. Auch die angestrebten Energie- und Materialeinsparungen sind nicht leicht zu erreichen. Wirksame ökonomische Mechanismen hierfür sind nicht in Sicht. Strukturelle Disproportionen und die anhaltende „Plandruckwirtschaft" lassen eher eine Fortsetzung des betrieblichen Hortungsverhaltens erwarten, was den angestrebten Einsparungen zuwider liefe.

b) Investitionsengpaß

Sowohl die Steigerung der Produktivität als auch die Stabilisierung der Energie- und Rohstoffversorgung sowie der beabsichtigte und notwendige Abbau struktureller Disproportionen setzen eine rasche, kontinuierliche Kapitalbildung voraus. Die sowjetischen Planer hoffen, durch Konzentration der Investitionsmittel auf die Modernisierung bestehender Betriebe und den Abschluß bereits in Angriff genommener Projekte mit einem relativ geringen Investitionswachstum eine relativ rasche Steigerung des Kapitalstockes zu erreichen. So soll die jahresdurchschnittliche Wachstumsrate der staatlichen Investitionen bis 1985 auf gut 1% abgebremst werden. Das gesamte Investitionsvolumen soll im 11. Fünfjahresplan nur noch um etwa 10% über dem des vorigen Planjahrfünfts liegen. Es ist dabei interessant, daß im endgültigen Fünfjahresplan sogar noch eine weitere Kürzung des Investitionswachstums gegenüber den ursprünglichen Ansätzen der „Grundrichtungen" vorgenommen wurde. Weit höher, wenn auch gleichfalls reduziert, soll das Kapitalstockwachstum liegen. In der Industrie etwa ist eine jahresdurchschnittliche Zunahme um 6,6% vorgesehen.

---

[14] Pravda vom 28. 2. 1981.

Tabelle 10: **Wachstum der Gesamtbevölkerung und der Bevölkerung im arbeitsfähigen Alter, UdSSR, Unionsrepubliken und Regionen** (nach Fünfjahresplanperioden in %)

	1971-1975		1976-1980		1981-1985		1986-1990	
	Gesamt	Arbeitsfähiges Alter	Gesamt	Arbeitsfähiges Alter	Gesamt	Arbeitsfähiges Alter	Gesamt	Arbeitsfähiges Alter
UdSSR	4,8	9,6	4,7	7,7	4,8	2,0	4,0	1,6
RSFSR	2,9	8,2	3,1	5,5	2,9	-0,6	1,9	-1,2
Nordwest	5,3	8,7	2,9	3,6	2,1	-0,3	1,0	-0,2
Zentral	2,2	6,1	1,3	2,3	0,9	-0,4	0,04	-0,4
Westsibirien	2,8	9,3	4,6	6,6	4,2	0,0	2,8	-0,1
Ostsibirien	5,1	10,6	5,5	8,0	5,0	1,5	3,5	0,9
Ferner Osten	11,5	14,0	5,9	7,0	4,4	0,7	2,9	0,7
Ukraine	3,5	6,4	3,0	4,5	2,3	-0,4	1,6	-0,04
Usbekistan	16,0	23,9	15,2	22,5	15,5	16,6	14,8	14,9
Kasachstan	8,7	15,8	8,9	14,9	9,1	8,6	5,0	4,1
Aserbaidshan	9,3	21,3	10,0	21,7	11,3	14,1	8,9	7,2
Turkmenien	16,1	21,6	14,7	21,1	14,7	16,1	14,0	14,5

Die Daten beruhen auf Schätzungen der Bevölkerung jeweils Mitte des Jahres. Die Projektionen gehen von mittleren Raten der Sterblichkeit und Geburtenhäufigkeit und keiner Netto-Migration aus. Der sowjetischen Praxis folgend gilt als Bevölkerung im arbeitsfähigen Alter die männliche Bevölkerung von 16 bis 59 und die weibliche Bevölkerung von 16 bis 54 Jahren.

Quellen: G. E. Schröder, in: The USSR in the 1980s, Brüssel 1978.

So plausibel ein Bremsen der Kapitalbildung auch sein mag, da bei raschem Rüstungs- und wenigstens einigermaßen beriedigendem Konsumwachstum in Anbetracht des niedrigen Gesamtwachstums an einer Ecke der Verwendungsseite des Sozialprodukts gespart werden muß und die sowjetische Investitionsquote ohnehin schon sehr hoch ist, so problematisch ist doch eine solche Politik der Investitionsdrosselung aus der Sicht der einzelnen Wirtschaftszweige. Für die notwendigen Infrastrukturinvestitionen ist die vorgesehene „intensive Investitionsstrategie" ohnehin nur teilweise anwendbar, und auch in den übrigen Bereichen der Volkswirtschaft könnte sich aufgrund von Engpässen im Kapazitäts- und Zulieferbereich bald die Notwendigkeit erheblicher Mehrinvestitionen ergeben. Damit aber würde sich das geringe Investitionswachstum und die damit verbundene Drosselung des Wachstumstempos des Maschinenbaus früher oder später als Engpaß für die Planerfüllung herausstellen. Würde dann aber das Investitionswachstum wieder beschleunigt, so müßten Abstriche an der Expansion von Rüstung und/oder Konsum gemacht werden.

c) Energieengpaß

Engpässe sind auch vom Energiebereich her zu erwarten[15]. Zunächst sind die sowjetischen Planziele (vgl. Tabelle 5) nicht in allen Sektoren realistisch. Zwar dürfte es entgegen manchen westlichen Voraussagen möglich sein, die Erdölproduktion bei über 600 Mio. t zu stabilisieren (vorgesehen ist für 1985 eine Erzeugung von 630 Mio. t). Das Planziel für 1985 dürfte jedoch bei Erdöl und Kohle nicht erreicht werden. Besser sind die Perspektiven der Erdgasgewinnung, die rasch expandiert. Es könnte jedoch sein, daß trotzdem das Fünfjahresplanziel nicht ganz realisiert wird. Fraglich ist auch, ob die geplante Erzeugung von Energie (wie auch an Rohstoffen aller Art) genügt, um die Produktionsziele zu erreichen. Dies würde eine Verbesserung des Verhältnisses des Rohstoff- bzw. Energieeinsatzes zur Gütererzeugung voraussetzen, von der nicht mit Sicherheit angenommen werden kann, daß sie zu verwirklichen ist.

d) Landwirtschaftsengpaß

Zur Sicherung der Ernährung der Bevölkerung und zur Erweiterung der landwirtschaftlichen Rohstoffbasis für die industrielle Verarbeitung sieht der 11. Fünfjahresplan ehrgeizige Ziele für die Landwirtschaft vor. So soll etwa die jahresdurchschnittliche Getreideernte von gut 200 Mio. t jährlich auf 238

---

[15] Vgl. H. Clement, W. Schrettl, V. Vincentz: Das Echo der sowjetischen Mißernten..., S. 11 ff.

bis 243 Mio. t gesteigert werden. Westliche Fachleute hielten zunächst 210 bis 220 Mio. t unter günstigen Bedingungen für möglich. Bereits die Ergebnisse der Jahre 1981 und 1982 haben auch diese Schätzung überholt. Auch bei der Fleischerzeugung ist das gesteckte Ziel (durchschnittlich jährlich 17-17,5 Mio. t) nicht erreichbar.

Die ungünstigen Perspektiven für die sowjetische Landwirtschaft haben sich aufgrund der nicht befriedigenden Ergebnisse des Jahres 1981 (Ausnahme Baumwolle!) weiter verschlechtert. Für die Getreideernte ist zwar bis jetzt (August 1982) immer noch keine Zahl veröffentlicht worden. Sowjetische Kommentare und westliche Schätzungen machen einen Wert von 165-170 Mio. t wahrscheinlich. Damit würden bereits im ersten Planjahr gegenüber dem Fünfjahresplanziel ca. 80 Mio. t Getreide fehlen. Es ist ausgeschlossen, daß dieses Defizit in den kommenden Jahren ausgeglichen werden kann, zumal die Ernteperspektiven für 1982 erneut nicht besonders günstig sind. Stagniert hat 1981 auch die Fleischproduktion (15,5 Mio. t). Aufgrund des mit der schlechten Ernte verbundenen Futtermangels dürfte auch der Wert für 1982 nicht höher liegen. Damit wären aber in den drei letzten Planjahren Defizite von 5-6 Mio. t aufzuholen, was ebenfalls nicht gelingen kann. Die Stagnation der sowjetischen Fleischerzeugung bringt große Probleme mit sich. Denn erweisen sich die Produktionsziele der Landwirtschaft als zu ehrgeizig, so können auch die Ziele im Konsumbereich nicht erreicht werden. Aufgrund der Stagnation in der sowjetischen Landwirtschaft ist inzwischen ein „Lebensmittelprogramm" verabschiedet worden[16]. Mit verschiedenen Mitteln (mehr Investitionen, verbesserte Organisation, Ausbau materieller Anreize) soll versucht werden, bis 1990 eine wesentliche Expansion der Erzeugung zu erreichen.

e) Konsumgüterengpaß

Es ist schon darauf hingewiesen worden, daß das rasche Wachstum der Produktionsabteilung B in überwiegendem Maße auf eine beträchtliche Beschleunigung der Nahrungsmittelerzeugung gestützt werden soll. So kann als wahrscheinlich gelten, daß sich mit den Zielen der Landwirtschaft auch die Ziele im Konsumgüterbereich als nicht erfüllbar erweisen. Dabei ist der Fleischbereich besonders heikel. Aufgrund der expandierenden Einkommen dürfte die Nachfrage nach Fleisch etwa in gleichem Maße steigen. Das stagnierende Angebot macht nun entweder beträchtliche Preissteigerungen erforderlich (in anderen osteuropäischen Ländern sind solche Konsequenzen schon gezogen), oder aber es ist mit einem erheblichen Ansteigen des inflationären Druckes zu rechnen. Auf alle Fälle ist eine nachhaltige Verbesserung

---

[16] Vgl. zum „Lebensmittelprogramm" die Analysen des Bundesinstituts für ostwissenschaftliche und internationale Studien, Köln 1982, Nr. 18 und 19.

des Konsumstandards nicht zu erwarten. Dies kann nicht ohne Konsequenzen für die Zufriedenheit der Verbraucher, ihre Arbeitsmotivation und — hier schließt sich der Kreis — die Entwicklung der Arbeitsproduktivität bleiben.

4. Stand der Planerfüllung im Jahre 1982

Wie lassen sich die Perspektiven des 11. Fünfjahresplans im zweiten Jahr seiner Laufzeit beurteilen? Noch stärker als bei den Fünfjahresplänen der Vergangenheit ist die faktische Wirtschaftsentwicklung bereits im zweiten Laufjahr des mittelfristigen Planes so weit nach unten von den Planzielen abgedriftet, daß die Fünfjahresplanziele nicht mehr erreichbar sind. Wie Tabelle 1 zeigt, gilt dies vor allem für die Entstehungsbereiche des Sozialprodukts und die Produktivität. Hier liegt das 1981 und 1982 erreichte Wachstum deutlich unter den Zielen des Fünfjahresplanes für diese Jahre und auch klar unter den zur Erfüllung des mittelfristigen Planes erforderlichen Durchschnittswerten[17]. Entsprechend groß müßte die Wachstumssteigerung in den Jahren 1983-1985 ausfallen, um die Fünfjahresplanziele noch zu erreichen. In der sowjetischen Industrie etwa betrug das Durchschnittswachstum 1981/82 3,0%. Im 11. Fünfjahresplan ist ein Durchschnittswachstum von 4,7% vorgesehen. Infolgedessen müßte das durchschnittliche jährliche Wachstum der sowjetischen Industrieproduktion in den kommenden drei Jahren auf fast 6% angehoben werden, um das Fünfjahresplanziel noch zu erreichen. Dies ist nach Lage der Dinge völlig ausgeschlossen. Ausgeschlossen ist auch ein Anheben des Produktivitätswachstums in den noch ausstehenden Planjahren auf jahresdurchschnittlich 5,5%. Dies aber wäre erforderlich, um die Produktivitätssteigerung, die der 11. Fünfjahresplan vorsieht, noch zu erreichen.

Bezeichnenderweise unterscheidet sich die Entwicklung im Verwendungsbereich des Nationaleinkommens von den soeben geschilderten Tendenzen. Bei den Investitionen ist der Ansatz des Fünfjahresplanes für 1982 bereits deutlich übertroffen worden, und auch die jahresdurchschnittliche Wachstumsgeschwindigkeit liegt klar über dem mittelfristig vorgesehenen Ausmaß. Hieraus wird ersichtlich, daß die sowjetische Wirtschaftspolitik den Produktions- und Produktivitätslücken mit einer gegenüber den Plansätzen verstärkten Kapitalbildung gegenzusteuern versucht. Dies ist jedoch nur dann möglich, wenn Mittel aus dem Konsumbereich in den Investitionssektor umgeleitet oder massiv Investitionsgüter importiert werden. Ersteres ist in Anbetracht der Stagnation des Lebensstandards nur begrenzt möglich. Die Bedeutung des Konsums als Faktor zur Sicherung politischer Loyalität und Verbesserung der Arbeitsmotivation ist mittlerweile zu groß geworden,

---
[17] Die Daten für das erste Halbjahr 1982 wurden als Prognosedaten für das ganze Jahr benutzt.

Tabelle 11: **Kennziffern der sowjetischen Wirtschaftsentwicklung**
(jährliche Wachstumsraten in %)

	1981	1982a)	1981-82 (Plan)b)	1981-82 (Ist)c)	1981-85 (Plan)d)	1983-85 (erforderlich)e)
Industrie						
Bruttoproduktion	3,4	2,7	4,0	3,0	4,7	5,8
Gruppe A	3,3	3,0	4,0	3,1	4,6	5,6
Gruppe B	3,6	2,2	4,0	2,9	4,7	6,0
Arbeitsproduktivität	2,7	2,0	3,4	2,3	4,2	5,5
Bauwesen						
Bau- und Montagearbeiten	1,8	2,0	n.a.	1,8	n.a.	n.a.
Arbeitsproduktivität	2,0	2,2	2,7	2,1	2,8	3,3
Transportwesen						
Gütertransport	2,3	-0,5	3,0	0,8	3,6	5,5
Verwendung						
Nationaleinkommen (verwendet)	3,4	2,7	3,0	2,7	3,3	3,7
Staatl. Bruttoanlageinvestitionen	3,0	2,0	1,6	2,5	1,0	0,1
Einzelhandelsumsatz	4,4	5,0	3,9	4,5	4,2	3,9
Verteilung						
monatl. Durchschnittslöhne der Arbeiter und Angestellten	2,1	2,7	n.a.	2,4	3,8	4,7

a) Halbjahreswerte als Prognosedaten für gesamtes Jahr verwendet. – b) Ziele des 11. Fünfjahresplans für 1981 und 1982. – c) Voraussichtlich. – d) Durchschnittswachstum nach Plangesetz. – e) Erforderlich, um die Ziele des 11. Fünfjahresplans zu erfüllen. –

Quellen: Statistische Jahrbücher der UdSSR, Plandokumente, Planerfüllungsberichte.

um den Konsumsektor als disponibles Reservoir für andere Zwecke benutzen zu können. Die Daten über die Entwicklung des Einzelhandelsumsatzes (als Verbrauchsindikatoren) liegen bis jetzt über den Ansätzen des 11. Fünfjahresplans. So war bis 1982 im Fünfjahresplan eine Umsatzsteigerung von insgesamt 8% vorgesehen. Erreicht wurde jedoch ein Wachstum um fast 10%. Ein solches Umsatzwachstum läßt sich in Anbetracht der deutlichen Abbremsung der Wachstumsraten der Produktion von Konsumgütern nur mit erheblichen Preissteigerungen erklären. So nahm etwa die Erzeugung der Gruppe B der Industrie (Konsumgüter) 1981 und 1982 um durchschnittlich 2,9% zu (Plan 4,7%). Die Leichtindustrie wuchs um 1,5% (Plan 3,5%). Die entsprechenden Werte der Nahrungsmittelindustrie betragen 2,5% (Ist) und 4,2-4,7% (Plan). Bei den dauerhaften Konsumgütern steht einem erreichten Wachstum von 4,9% ein Planziel von 6,9% gegenüber.

Insgesamt kann festgestellt werden, daß in weiten Bereichen der Wirtschaft weder die Produktionsziele des 11. Fünfjahresplans erreicht werden können noch daß es gelingt, den angestrebten Durchbruch zu einer intensiven Entwicklung der Wirtschaft zu verwirklichen. Die aufgezeigten Engpässe machen sich voll bemerkbar und stellen die sowjetische Wirtschaftspolitik vor schwer zu bewältigende Anpassungsnotwendigkeiten.

III. Perspektiven zukünftiger Wirtschaftsentwicklung und Wirtschaftspolitik

Erörtert man die möglichen Alternativen zukünftiger Wirtschaftsentwicklung und Wirtschaftspolitik in der UdSSR, so können ressourcenorientierte Maßnahmen und effizienz- bzw. produktivitätsorientierte Maßnahmen unterschieden werden. Während es bei den ressourcenorientierten Ansätzen um eine Erhöhung des Angebotes der primären Produktionsfaktoren geht, handelt es sich bei den effizienzorientierten Ansätzen um Maßnahmen zur effizienteren Nutzung der Faktoren bzw. zur Steigerung ihrer Produktivität. Bei den ressourcenorientierten Maßnahmen können wiederum arbeitsorientierte, kapitalorientierte und naturorientierte Maßnahmen unterschieden werden. Die effizienzorientierten Ansätze können mit den Stichworten technischer Fortschritt (Innovation), positive Struktureffekte, Qualitätsverbesserungen beim Faktor Arbeit und organisatorischer Fortschritt (Reformen) umrissen werden.

1. Ressourcenorientierte Maßnahmen

a) Arbeitsorientierte Maßnahmen

Das Arbeitskräfteangebot kann prinzipiell durch verschiedene Maßnahmen erhöht werden[18].

Zunächst bietet sich das traditionelle Mittel der Freisetzung von Arbeitskräften in bestimmten Sektoren und deren Umlenkung an. Die sowjetische Industrialisierung vollzog sich ja nicht zuletzt durch eine mit historisch beispielloser Geschwindigkeit abgelaufene Reduzierung landwirtschaftlicher und gleichzeitige Steigerung nichtlandwirtschaftlicher Arbeit[19]. Noch im 10. Planjahrfünft (1976-1980) standen nicht unerhebliche Arbeitskräftereserven auf dem Lande zur Verfügung. Heute jedoch muß davon ausgegangen werden, daß zumindest beim gegenwärtigen Stand der Agrartechnologie nicht mehr in größerem Stil mit einer Freisetzung bisher landwirtschaftlich Beschäftigter für eine Verwendung in anderen Wirtschaftszweigen gerechnet werden kann. Es fehlt umgekehrt auf dem Lande bereits vielfach an qualifizierten Arbeitskräften. Da, wo ländliche Arbeitskräfte im Überfluß vorhanden sind, wie etwa in den transkaukasischen Unionsrepubliken und (besonders) in Sowjet-Mittelasien, sind sie schwer mobil und wenig geneigt, in die Städte und vor allem in die russischen Teile der UdSSR oder gar nach Sibirien, wo sie nach Ansicht der Planer — so Parteichef Breshnew in seiner Rede auf dem 26. Parteitag — dringend erwünscht wären, abzuwandern.

Damit ist bereits die zweite denkbare Möglichkeit einer Erschließung zusätzlicher Arbeitskraftreserven, die einer regionalen Umlenkung überschüssiger Arbeitskräfte, angedeutet. Dies scheint jedoch mehr eine Hoffnung der Planer und Politiker als eine reale Möglichkeit zu sein. Offensichtlich gibt es auch noch keine spezifizierten Anwerbungsprogramme. Dem Verfasser selbst wurde bei der Besichtigung eines Leningrader Industriebetriebes gesagt, in usbekischen Gastarbeitern etwa sähe man keine reale Möglichkeit, um den Arbeitskräftemangel abzubauen. Es gäbe zwar unter den Einwohnern Leningrads auch solche aus Sowjet-Mittelasien, doch seien es wenige, und sie seien auf eigenen Wunsch dort und nicht aufgrund arbeitsmarktpolitischer Programme.

Als nächste Möglichkeit zur Erweiterung des Arbeitskräfteangebots wäre die Erhöhung der Erwerbsquote zu erörtern. Hier gibt es gleichfalls kaum noch Reserven. Die Frauenarbeitsquote ist bereits äußerst hoch, so daß

---

[18] Vgl. hierzu und zum Folgenden: H.-H. Höhmann, G. Seidenstecher: Beschäftigungsstruktur und Arbeitskräftepolitik in der Sowjetunion, in: H.-H. Höhmann (Hrsg.), Arbeitsmarkt und Wirtschaftsplanung. Beiträge zur Beschäftigungsstruktur und Arbeitskräftepolitik in Osteuropa, Köln 1977, S. 49 ff.

[19] Vgl. P. R. Gregory, R. C. Stuart: Soviet Economic Structure and Performance, Second Edition, New York 1982, S. 387.

ernsthafte Gefahren für die Reproduktionsfähigkeit der Bevölkerung gegeben sind. Die Belastung der sowjetischen Frauen ist generell außerordentlich hoch. Sie haben die aufwendigen Funktionen von Arbeitskraft, Mutter und Hausfrau miteinander zu verbinden, wobei allein das Hausfrauendasein unter den ungünstigen Bedingungen des sowjetischen Konsumgüter- und Dienstleistungsangebots fast ein Full-time-Job ist.

Was eine weitere Möglichkeit, die Verlängerung der wöchentlichen oder der Lebensarbeitszeit betrifft, so wäre beides aufgrund recht günstiger gegenwärtiger Regelungen an sich durchaus möglich, in Anbetracht der sowjetischen Verhältnisse jedoch mit Sicherheit kontraproduktiv. Es würde sich um einen klaren Abbau bisheriger Errungenschaften handeln. Um das in der Tat vorhandene Reservoir an Rentnerarbeit auszuschöpfen, ist nur der Weg der Weiterbeschäftigung verbunden mit Zusatzzahlungen zur Rente gangbar, und er wird auch bereits eingeschlagen.

Als nächste — freilich auch nur theoretische — Möglichkeit ist auf die Reduzierung der Ausbildungszeit hinzuweisen. Solche Maßnahmen hätten ebenfalls den Charakter des sozialen Abstiegs, stünden im Widerspruch zu den wachsenden Qualitätsanforderungen einer Industriegesellschaft an die Arbeitskräfte und würden sicher auch die Motivation der jungen Menschen negativ beeinflussen.

Auch eine Reduzierung der sowjetischen Streitkräfte käme prinzipiell in Frage. Hier bestünde tatsächlich eine gewisse Reserve, da ein großer Teil der jungen männlichen Bevölkerung vor dem Berufseintritt eine Reihe von Jahren in der Armee — ökonomisch gesehen — verliert. Die militärischen Zielsetzungen der sowjetischen Führung und die weltpolitische Lage schieben einer Truppenreduzierung allerdings einen Riegel vor. Gewiß ist in Anbetracht der Arbeitskräfteknappheit ein weiterer Ausbau der Armee problematisch, doch ist ein Abbau nicht zu erwarten. Auch hat die Armee eine Reihe wirtschaftlicher Funktionen zu übernehmen, die die negativen Effekte auf das Arbeitskräftereservoir wenigstens teilweise kompensieren, etwa „Feuerwehrfunktionen" beim Ernteeinsatz oder auch längerfristig angelegte produktive Aufgaben wie Eisenbahnbau durch Pionierbataillone.

Gastarbeiter stehen auch kaum zur Verfügung. Es sind zwar in der UdSSR einige 10 000 ausländische Arbeitskräfte tätig (etwa Bulgaren oder Nordkoreaner), doch spielt aufs Ganze gesehen das Gastarbeiterangebot keine Rolle, zumal ja auch in den sozialistischen Ländern, aus denen Gastarbeiter kommen könnten, selbst Arbeitskräfteknappheit herrscht. Bewohner solcher osteuropäischer Länder, in denen überschüssige Arbeitskräfte vorhanden sind (Polen oder Jugoslawien), dürften dagegen mehr Neigung haben, in westlichen Ländern als Gastarbeiter tätig zu sein als in der UdSSR.

So bleibt als Hauptquelle für den sowjetischen Arbeitsmarkt die Mobilisierung von „inneren Reserven". Da etwa in Industrie und Bauwesen eine erhebliche Überbeschäftigung herrscht, könnten hier Arbeitskräfte freigesetzt werden, sofern es hierfür Mechanismen gäbe. Trotz einer Reihe von Reformansätzen im Bereich von Planung und Prämierung ist das ausgeprägte Bestreben sowjetischer Betriebe, möglichst viele Arbeitskräfte an sich zu binden, noch nicht überwunden[20]. Hierzu trägt der geringe Mechanisierungsgrad in den Bereichen außerhalb der betrieblichen Hauptproduktion ebenso bei wie die Absicht, sich gegen das Risiko von Planänderungen, unregelmäßiger Belieferung mit Vorprodukten, Abordnung von Arbeitskräften für betriebsfremde Zwecke, hoher Fluktuation der Beschäftigten u. dgl. zu schützen. Hinzu kommen die Vorsorge gegen Arbeitsausfälle und Motivationslücken sowie das Bestreben, die Basis für Prämienzahlungen zu verbessern. All das wird verschärft durch eine Modernisierungsstrategie, die — wegen der Innovationsbarrieren in bestehenden Betrieben — vielfach auf die Gründung neuer Produktionsstätten mit entsprechendem Arbeitskräftebedarf abstellt, eine in der Regel arbeitsaufwendige, „extensive Form der Intensivierung".

Insgesamt sind somit im Arbeitsbereich kaum Reserven erschließbar. Das Wachstum der Beschäftigung dürfte dem Wachstum der Bevölkerung im arbeitsfähigen Alter tendenziell folgen, und dieses erreicht Mitte der achtziger Jahre nicht nur seinen minimalen Wert, sondern verlagert sich auch fast völlig in die mittelasiatischen und transkaukasischen Unionsrepubliken[21]. In der RSFSR und der Ukraine dagegen nimmt die Bevölkerung im arbeitsfähigen Alter in den kommenden zehn Jahren sogar leicht ab (vgl. Tabelle 8).

b) Kapitalorientierte Maßnahmen

Ebenso wie auf dem rasch wachsenden Einsatz von Arbeitskräften beruhte die sowjetische Industrialisierung auf einer raschen Kapitalbildung, die sich in hohen Investitionswachstumsraten und in einer schnellen und dem Umfang nach beträchtlichen Senkung der makroökonomischen Konsumquote — beides wiederum ohne Vorbild in „westlichen" Industrialisierungsprozessen[22] — niederschlug. Zusammen mit der raschen Umstrukturierung der Beschäftigung war die mit ausgeprägten Zwangssparprozessen verbundene forcierte Kapitalbildung das Hauptelement der von Stalin eingeschlagenen wirtschaftsstrukturell ungleichgewichtigen und zugleich in hohem Maße extensiven Entwicklungsstrategie.

---
[20] Vgl. H.-H. Höhmann, G. Seidenstecher: Beschäftigungsstruktur..., S. 44 ff.
[21] Vgl. I. S. Koropeckyj, G. E. Schroeder: Economics of Soviet Regions, New York 1981.
[22] Vgl. P. R. Gregory, R. C. Stuart, a. a. O., S. 386 f.

Eine solche Politik raschen Investitionswachstums über eine weitere Senkung der makroökonomischen Konsumquote ist gegenwärtig kaum noch machbar, vor allem nicht in Anbetracht des derzeit sehr geringen Wirtschaftswachstums. Die Auswirkungen auf den Konsum und damit auf Arbeitsmotivation und politische Loyalität sind zu gravierend. Davon gehen offensichtlich auch die sowjetischen Planer aus. So ist für das 11. Planjahrfünft umgekehrt eine beträchtliche Steigerung der makroökonomischen Konsumquote vorgesehen, und bereits im vergangenen Planjahrfünft nahm die Akkumulation (gemessen am durchschnittlichen Wachstum der Bruttoanlageinvestitionen von 3,4 %) nicht schneller zu als das verwendete Nationaleinkommen (jahresdurchschnittlich ebenfalls 3,4%). So entspräche eine Senkung der makroökonomischen Konsumquote weder dem Trend der letzten Jahre noch den Absichten der sowjetischen Planer. Als Strategie der Wirtschaftspolitik anwendbar wäre eine Forcierung der Kapitalbildung auf diese Weise wohl nur in einer Zeit ausgesprochener Verschärfung der internationalen Lage, wenn sich das Motiv der nationalen Selbstbehauptung vor das Motiv der Konsumsteigerung schöbe.

Als nächstes wäre die Möglichkeit zu erörtern, den Investitionsspielraum durch eine Senkung der Rüstungslastquote zu erhöhen. Der Anteil der sowjetischen Verteidigungsausgaben am Bruttosozialprodukt liegt nach CIA-Schätzungen gegenwärtig bei 12-14%[23]. Zumindest nach dem statistischen Volumen ist hier ein Spielraum für Kapitalerhöhungen gegeben. Gegenwärtig ist eine Umlenkung von Ressourcen aus dem militärischen in den zivilen Bereich der sowjetischen Wirtschaft allerdings weder vorgesehen noch — aufgrund laufender Programme — ökonomisch möglich. Auch darf ihr Effekt wegen der bereits sehr umfangreichen Investitionen, der zu bewältigenden Anpassungsprobleme und der rückläufigen Kapitalproduktivität nicht überschätzt werden. Längerfristig jedoch (vor allem, wenn Ende der achtziger Jahre das Investitionswachstum erhöht werden muß, ohne daß das Konsumwachstum nennenswert reduziert werden kann) könnte eine Politik der Begrenzung des Rüstungswachstums zugunsten der zivilen Wirtschaft durchaus den Charakter einer wirtschaftspolitischen Option annehmen. Ob es dazu kommt, hängt natürlich von der weltpolitischen Lage sowie vom vorherrschenden Szenario sowjetischer Innen- und Außenpolitik ab.

Gleichfalls in hohem Maße politisch beeinflußt ist die nächste Möglichkeit, sich Kapital durch eine Erhöhung der Westimporte in Verbindung mit wachsender Kreditaufnahme zu beschaffen. Vor allem von Beginn bis Mitte der siebziger Jahre hat die sowjetische Wirtschaftspolitik von dieser Möglichkeit Gebrauch gemacht. Gegenwärtig ist sowohl die Verschuldungsbereitschaft der UdSSR als auch die Kreditwilligkeit der westlichen Seite zurückgegangen, wozu politische und wirtschaftliche Faktoren beitrugen.

---

[23] Vgl. A. S. Becker: The Burden of Soviet Defense, St. Monica, October 1981, S. 14.

Aussichtsreicher ist die Möglichkeit, Importe aus dem Westen durch zunehmende Rohstoff- und Energieausfuhren — verbunden mit kräftigen Terms-of-trade-Gewinnen — zu finanzieren. Die Verwendung von Devisen für Maschinen-, Ausrüstungs- und Technologieimporte wird allerdings durch die Notwendigkeit umfangreicher Importe von Getreide für Futterzwecke und von Nahrungsmitteln begrenzt.

Denkbar wäre auch eine stärkere Heranziehung der RGW-Länder zum Leisten von Beiträgen zur Kapitalbildung in der UdSSR. Ökonomisch und politisch ist dies jedoch kaum realisierbar. Die RGW-Länder sind selbst mehr oder weniger in der Krise. Die UdSSR muß ihnen direkt oder indirekt helfen. Sowjetische Terms-of-trade-Gewinne können kaum noch ausgenutzt werden.

Auch im Bereich der Kapitalbildung gibt es schließlich innere Reserven. Hierzu gehören vor allem Qualitätsverbesserungen im Bau- und Investitionswesen und Verkürzungen der Baufristen. Was letzteres betrifft, so konnten nach ungünstiger Entwicklung in den meisten Jahren des 10. Planjahrfünfts im Jahre 1980 gewisse Verbesserungen erreicht werden. Ob es sich um Sondereinflüsse oder eine Trendwende handelt, muß abgewartet werden. Doch selbst eine generelle Verkürzung der Baufristen schafft ja längerfristig nicht mehr Kapital. Sie trägt nur dazu bei, daß das investierte Kapital schneller in Form von Produktionskapazitäten zur Verfügung steht. Zugleich aber vermindert sich das Polster unfertiger Projekte. Je mehr es also jetzt gelingt, die Bauzeiten zu verkürzen, desto mehr muß später dafür gesorgt werden, durch Neuinvestitionen zu einem ausreichenden Kapitalstockwachstum beizutragen. Die Qualität des gesamten Investitionswesens ist nach wie vor durch die bekannten Funktionsmängel des administrativen Planungssystems beeinträchtigt, die nur im Zuge einer tiefergreifenden Reform überwunden werden könnten.

c) Naturorientierte Maßnahmen

Bei Bemühungen um ein erweitertes Angebot natürlicher Ressourcen geht es vor allem um die Zurverfügungstellung von mehr Böden für die landwirtschaftliche Nutzung sowie um die Erschließung neuer Rohstoff- und Energieressourcen. Generell kann gesagt werden, daß eine Einbeziehung von Neuland kaum noch möglich ist und daß sowohl die Verbesserung der Bodenqualität (Meliorationen, Düngung) als auch die Erschließung neuer Rohstoffvorkommen mit erheblichen Kapitalaufwendungen verknüpft sind, so daß der (prinzipiell in Grenzen immer noch mögliche) Mehreinsatz natürlicher Faktoren den Mehreinsatz von Kapital voraussetzt und damit zugleich dessen Knappheit erhöht.

2. Effizienz- bzw. produktivitätsorientierte Maßnahmen

Bei den effizienz- bzw. produktivitätsorientierten Maßnahmen sind vier Gruppen von Ansätzen zu unterscheiden, die mit folgenden Stichworten umrissen werden können: mehr Innovation, positive Struktureffekte, Qualitätsverbesserungen bei der Arbeit sowie organisatorische Verbesserungen. Bei all diesen Ansätzen handelt es sich wieder um Maßnahmengruppen unterschiedlicher praktischer Relevanz.

a) Mehr Innovation: beschleunigter technischer Fortschritt

Im Innovationsbereich sind zwei Ansätze möglich: eigene Entwicklungen und Übernahme fremden technischen Wissens[24]. Der Hauptweg zu beschleunigtem technischem Fortschritt muß in der UdSSR über eigenen Fortschritt führen. Es finden auch ständig Verbesserungen statt. Diese Verbesserungen reichen jedoch nicht aus, um einen raschen Produktivitätsfortschritt zu gewährleisten und in der technischen Entwicklung aufs Ganze gesehen mit dem westlichen Ausland Schritt zu halten. Die klassischen sowjetischen Innovationsbremsen: die organisatorische Struktur, das Informations- bzw. Preissystem und die Anreizmechanismen im überbetrieblichen Bereich und im Bereich des betrieblichen Leistungsverhaltens sind nach wie vor in Kraft. Die organisatorischen Strukturen, vor allem bei den Zulieferbeziehungen, konservieren im Zusammenwirken mit den hohen Plananforderungen („pressure economy") die bestehenden Produktionsverfahren. Neue Verfahren haben oft keine administrative Lobby, Forschung, Entwicklung und Produktion sind oft noch zu sehr voneinander getrennt, Informationen werden abgeschottet, das Preissystem blockiert raschen technischen Fortschritt ebenso wie das Anreizsystem, das unter dem Primat der Planerfüllung gleichfalls das Vermeiden der mit technischen Neuerungen verbundenen Risiken nahelegt. Weitere Schwierigkeiten sind unter den Stichwörtern Kontinuität und Komplementarität anzusiedeln, die aus dem gestörten Ineinandergreifen der einzelnen Bereiche resultieren. Dieses fehlende Ineinandergreifen dürfte sich bei der Übernahme einer fremden Technologie eher noch stärker auswirken, d. h. zur Einordnung und Funktionsfähigkeit solcher Technologien sind offensichtlich noch größere Kontrollaufwendungen sowie der Einsatz besserer Arbeitskräfte erforderlich als bei der heimischen Technologie.

Dies reduziert zugleich die Effekte der zweiten Möglichkeit, rascheren technischen Fortschritt zu erreichen, die Auswirkungen des Technologie-

---

[24] Hierzu vor allem J.S. Berliner: The Innovation Decision in Soviet Industry, Cambridge Mass., 1976.

transfers aus westlichen Industrieländern[25]. Sicher ist die sowjetische Führung nach wie vor an Technologietransfer interessiert. Dies bedeutet jedoch nicht, daß die westliche Technologie im sowjetischen Industriemilieu einen ebenso hohen Nutzen brächte wie beim Einsatz im Westen. Die oben skizzierten Innovationsbremsen wirken auch hier. So dürfen die positiven Wirkungen westlicher Technologie nicht überschätzt werden. Sie sind kein Allheilmittel für die sowjetische Wirtschaft und auch kein Reformsubstitut. Im Gegenteil, erst eine tiefgreifende Reform würde Technologietransfer eigentlich sinnvoll machen. Daß hier entscheidende Grenzen liegen, wird später erörtert.

b) Verbesserung der Produktionsstruktur

Positive Struktureffekte auf Wachstum und Produktivität ließen sich einmal durch eine Verlagerung auf produktivere Branchen erreichen. Hier ist eher eine gegenteilige Entwicklung anzunehmen, da die Wirtschaftsbereiche mit hohen Kapitalkoeffizienten (Landwirtschaft, Energiebereich, Verkehrswesen) besonders gefördert werden müssen. Auch eine Verlagerung der Erzeugung in produktivere Regionen (etwa mehr Produktion im Baltikum) findet generell nicht statt. Es vollzieht sich das Gegenteil: Es muß in Sibirien investiert werden, was — nimmt man Infrastruktur-, Kapazitäts- und Verkehrsinvestitionen zusammen — den Kapitalkoeffizienten ansteigen läßt. Dasselbe würde für den Süden gelten (Erschließung von Arbeitskräftereserven in bisher industriell nicht oder weniger erschlossenen Teilen des Transkaukasus und Sowjet-Mittelasiens). Allerdings findet eine Verlagerung von Investitionen in diese Gebiete bisher kaum statt.

Schließlich böte sich eine Vertiefung internationaler Arbeitsteilung an. So könnte sich die UdSSR wie bisher auf Lieferungen von Energierohstoffen konzentrieren und dafür neben Fertigwaren vor allem Agrarprodukte importieren. Gegenwärtig zeigt sich aber eher wieder eine verstärkte Tendenz zu Importsubstitution und Autarkie, so daß auf Wachstums- und Produktivitätseffekte, die mit stärkerer internationaler Arbeitsteilung verbunden wären, zugunsten reduzierter außenpolitischer Störanfälligkeit verzichtet wird.

c) Verbesserungen bei den Arbeitskräften

Hier stehen prinzipiell zwei Ansätze zur Verfügung: bessere Ausbildung und bessere Motivation. Bessere Ausbildung ist ein vielfach eingeschlagener

---
[25] Vgl. H. Vogel: The Politics of East-West Economic Relations Reconsidered: A German View, Berichte des Bundesinstituts für ostwissenschaftliche und internationale Studien, Köln 1982, Nr. 22.

Weg. Es kann davon ausgegangen werden, daß durch Schul-, Universitäts- und Berufsausbildung sowie durch berufsbegleitende Ausbildungsmaßnahmen bezogen auf die Gesamtbevölkerung eine Hebung des durchschnittlichen beruflichen Qualifikationsniveaus stattfindet. Auf Bildungsmaßnahmen wird bei der Erörterung von systemverbessernden Maßnahmen vielfach sogar ein so starker Akzent gesetzt, daß hierdurch die Notwendigkeit struktureller Reformen verschleiert wird. Auch ist bessere Ausbildung nicht identisch mit besserer Motivation, ja bessere Ausbildung kann bei inadäquatem Berufs-, Arbeitsplatz- und Konsumangebot sogar negative Folgen für die Motivation und damit für die Entwicklung der Arbeitsproduktivität haben. Damit sind zugleich die gegenwärtig bei der sowjetischen Bevölkerung anzutreffenden Motivationsdefizite angesprochen. Die in der UdSSR offensichtlich vorhandene latente Lücke an Konsens und Motivation ist zwar empirisch nicht leicht zu fassen. Berichte über zu hohe Fluktuation der Arbeitskräfte, zu lange Zwischenzeiten bei Arbeitsplatzwechsel, Disziplinverstöße, anspruchsabfederndes Verhalten der Gewerkschaften, Ausweichen auf Aktivitäten in der nebenkapitalistischen Schattenwirtschaft („second economy"), stagnierendes Konsumgüterangebot, langsame Produktivitätsentwicklung und die Suche nach mobilisierenden ideologischen Konzepten können jedoch als empirische Belege von Motivationsschwierigkeiten gedeutet werden. Die Motivationslücken sind offenbar nur schwer zu überbrücken. Prinzipiell gäbe es hierzu drei Möglichkeiten: die Mobilisierung nationaler Gefühle auf dem Hintergrund eines Notstands-Szenarios, die Wiederbelebung der Ideologie als stimulierende Kraft sowie die Hebung des Lebensstandards, um materielle Anreize zur Motivationsverbesserung und zur Produktivitätssteigerung wirksam werden zu lassen. Was das „Notstands-Szenario" angeht, so ist die internationale Lage hierfür noch nicht schlecht genug; was die Ideologie betrifft, so muß von einer weitreichenden Ideologiemüdigkeit der sowjetischen Bevölkerung ausgegangen werden; die motivierende Kraft materieller Anreize schließlich stößt auf die quantitativen und qualitativen Grenzen des zu geringen Konsumgüterangebotes.

d) Organisatorische Verbesserungen

Hierbei geht es um die Reformen des sowjetischen Wirtschaftssystems. Drei grundsätzliche Varianten sind diskutabel: die „Vervollkommnung" des bestehenden Systems, der „Neue Ökonomische Mechanismus" ungarischen Typs sowie ein Einbauen gewisser Elemente der „Neuen Ökonomischen Politik" (NEP) der zwanziger Jahre.

Die sowjetische Führung hat in den letzten eineinhalb Jahrzehnten versucht, die Leistungsfähigkeit des sowjetischen Wirtschaftssystems durch zahlreiche Reformmaßnahmen zu erhöhen[26]. Von besonderer Bedeutung war dabei zunächst die Wirtschaftsreform von 1965, hinter der das Modell einer aufgelockerten, modernisierten administrativen Planwirtschaft stand und die sowohl (administrativ) zentralisierende (Rückkehr zur ministeriellen Leitungsstruktur) als auch (ökonomisch) dezentralisierende Tendenzen (begrenzter Ausbau betrieblicher Entscheidungsspielräume) aufwies. Die Einzelheiten dieser Reform sind an anderen Orten detailliert dargelegt, ihre Resultate ausführlich beschrieben und ihre Probleme eingehend erörtert worden. Hier sei nur zusammenfassend festgestellt, daß die Reform sich, wie ein sowjetischer Kritiker formulierte, „mehr in die Breite als in die Tiefe" entwickelte und allgemein beurteilt kein Erfolg war. In der wirtschaftlichen Entwicklung zeigte sich keine generelle Tendenzwende zum Besseren.

Die sowjetische Führung reagierte auf die fortgesetzten Effizienz-, Konsistenz- und Wachstumsprobleme der Wirtschaft, indem sie die Reform von 1965 in einen anhaltenden und breit angelegten — wenn auch wiederum nicht in die Tiefe gehenden — Prozeß von „Reformen der Reform" verwandelte[27]. Der Begriff „Reform" selbst verschwand aus Diskussion und Dokumenten; in den siebziger Jahren ist statt dessen von der „Vervollkommnung" oder „Verbesserung" des Wirtschaftsmechanismus die Rede. Die Maßnahmen der siebziger Jahre konzentrierten sich wiederum auf die drei Ebenen, die bereits von der Reform von 1965 erfaßt worden waren: die organisatorische Struktur von Planung und Verwaltung, die Planungsmethoden und die Leitung und Stimulierung der Betriebe. Von besonderer Bedeutung war die Bildung von Industrie- und Produktionsvereinigungen zur Förderung von Konzentration und Spezialisierung, Erleichterung zentraler Planung, effizienteren Nutzung lokaler Ressourcen, Förderung des technischen Fortschritts. Insgesamt standen die Maßnahmen der siebziger Jahre im Zeichen einer zentralisierenden Tendenz. Beispiele: Konzentration der Verwaltung, Zusammenlegung von Betrieben, erneute Auffächerung der betrieblichen Plankennziffern.

Auch die sowjetischen Reformen der Gegenwart bleiben am Leitbild einer aufgelockerten, modernisierten administrativen Planwirtschaft orientiert, wie es seit Mitte der sechziger Jahre mit unterschiedlicher Akzentuierung für die UdSSR kennzeichnend ist. Die im Sommer 1979 eingeleitete „Verbesserung der Planung" weicht nicht von diesem Kurs ab[28]. Die entscheidenden Bauelemente des Planungssystems: zentrale Entscheidung über die Verwendung des Nationaleinkommens, Direktivplanung auf der Betriebs-(Vereinigungs-)Ebene und Planerfüllung als betriebliches Erfolgskriterium

---
[26] Vgl. H.-H. Höhmann: Veränderungen..., S. 8 ff.
[27] G. E. Schroeder: The Soviet Ecnomiy on a Treadmill of „Reforms", in: Soviet Economy in a Time of Change, Washington 1979.
[28] Vgl. H.-H. Höhmann: Veränderungen..., S. 12 ff.

bleiben in Kraft. Es ist wahrscheinlich, daß die Dominanz der grundlegenden Systemelemente sowie die anhaltende „Plandruckwirtschaft" (pressure economy) einzelne „progressive" Bestandteile der jüngsten Reform weitgehend neutralisiert.

Eine Alternative zu dem zwar permanenten, aber begrenzten Prozeß der „Reformen innerhalb des Systems" ist auf absehbare Zeit nicht in Sicht. Weiterreichende, stärker marktwirtschaftlich orientierte Reformen — etwa auch eine Übernahme des „Neuen Ökonomischen Mechanismus" Ungarns — stoßen im sowjetischen Fall offensichtlich auf noch engere Grenzen als in den kleineren osteuropäischen Ländern[29]. Zu diesen Grenzen gehören: das wirtschaftliche Risiko einer weiterreichenden Reform; die „duale Logik" der wirtschaftlichen Entwicklung im Westen und im Osten der UdSSR; der anhaltende Druck auf alle Ressourcen; die diffizilen Zusammenhänge zwischen Reform und regionaler Wirtschaftsentwicklung (und damit Reform und Nationalitätenproblem); die Herrschaftsinteressen von Partei- und Staatsführung; die Widerstände der betroffenen sozialen Gruppen und last not least die immer noch nicht überwundenen ideologischen Reformgrenzen.

Was allerdings zur Ergänzung des öffentlich-planwirtschaftlichen Sektors der sowjetischen Wirtschaft in Zukunft eine größere Rolle spielen dürfte — und hierin besteht eine begrenzte Tendenz zur „Neuen Ökonomischen Politik" —, ist die individuelle Wirtschaftstätigkeit in der Landwirtschaft und möglicherweise auch im Handwerk[30]. Hierfür bestätigte die neue Verfassung die rechtliche Grundlage, und auch auf den folgenden Plenartagungen des Zentralkomitees und dem 26. Parteitag wurde die Schaffung eines für privatwirtschaftliche Tätigkeit in der Landwirtschaft „günstigen gesellschaftlichen Klimas" (L. I. Breshnew) gefordert.

Es ist jedoch nicht damit zu rechnen, daß der Umfang privater Wirtschaftstätigkeit innerhalb und außerhalb der Landwirtschaft umfassend erweitert wird. Dies stößt nicht nur auf ideologische Barrieren (die zu überwinden wären), sondern vor allem auch auf ökonomisch-organisatorische Grenzen. Denn der Ausbau der Privatwirtschaft in größerem Maßstab hätte ja sowohl Konsequenzen für den Einsatz der Arbeitskräfte als auch Auswirkungen auf die Versorgung mit Produktionsmitteln. Dies müßte — wie es die bereits heute existierende legale oder illegale private Parallelwirtschaft verdeutlicht — bei aller Notwendigkeit individueller Initiative zu neuen Schwierigkeiten im planwirtschaftlichen System führen, ohne daß eine Effizienzsteigerung gewährleistet wäre. Insofern gilt für privatwirtschaftliche Aktivitäten in der UdSSR prinzipiell das gleiche wie für marktwirtschaftliche

---

[29] Vgl. H.-H. Höhmann: Grenzen..., S. 5. ff.

[30] Vgl. Sowjetunion 1978/79, Ereignisse, Probleme, Perspektiven, hrsg. vom Bundesinstitut für ostwissenschaftliche und internationale Studien, Köln/München 1979, S. 138 f.

Elemente im Lenkungssystem: Bei beiden handelt es sich um eine Ergänzung, nicht aber um einen Ersatz des kollektivistisch-planwirtschaftlichen Systems.

3. Alternativen zukünftiger Wirtschaftspolitik

Die skizzierten ressourcen- und effizienz- bzw. produktivitätsorientierten Ansätze einer Wirtschaftspolitik zur Überwindung der gegenwärtigen Stagnation von Wachstum und Produktivitätsentwicklung lassen sich nun zu bestimmten Gesamtmodellen kombinieren. Es sind im wesentlichen vier Modelle denkbar, die allerdings in sich wiederum differenziert sind und Überschneidungen aufweisen. So können mit den Stichwörtern Neo-Stalinismus, blockzentrierte, konservative Modernisierung, kooperationsorientierte, liberale Modernisierung und kooperationsorientierte Reform umrissen werden.

a) Neo-Stalinismus

Die entscheidenden Grundzüge dieses Modells wären Rückkehr zu forcierter Kapitalbildung durch Senkung der makroökonomischen Konsumquote, möglicherweise Zwangsmobilisierung von Arbeitskräften, Konzentration des Planungssystems auf Schwerpunktaufgaben, Primat der Schwer- und Rüstungsindustrie sowie der Produktionsmittelerzeugung, Zentralisierung von Planung und Wirtschaftsverwaltung, Abreißen internationaler Beziehungen außerhalb des RGW-Bereichs bei gleichzeitiger Weiterentwicklung der „sozialistischen Integration", dem Westen gegenüber Rückkehr zur Wirtschaftspolitik der Importsubstitution. Die Anwendung dieses stalinistischen Modells für „normale Zeiten" ist aus wirtschaftlichen und politischen Gründen unwahrscheinlich. Es steht im Widerspruch zur Entwicklung der sowjetischen Gesellschaft (Autonomisierung von Teilbereichen, Regionalisierung) und den Anforderungen der Wirtschaft(Elastizität, Qualitätssteigerung, Konsens und Motivation). Denkbar erscheint das neo-stalinistische Modell nur für Zeiten tiefer außen- und innenpolitischer Krisen, die gegenwärtig (noch) nicht erkennbar sind.

b) Blockzentrierte, konservative Modernisierung

Dieses Modell ist das gegenwärtig vorherrschende. Sein Modernisierungsteil besteht aus den zuvor umrissenen begrenzten Reformen innerhalb des Systems, den vorgesehenen strukturellen Anpassungen (aufholende Entwicklung der Landwirtschaft, „Lebensmittelprogramm"), dem Abbau von

Disproportionen, wie sie die wirtschaftliche Entwicklung vor allem seit Ende der siebziger Jahre beeinträchtigen, sowie der geplanten Steigerung der Konsumquote. Sein konservativer Teil wird durch das prinzipelle Festhalten am traditionellen Planungssystem sowie die begrenzten innenpolitischen Freiheitsspielräume für die Bürger repräsentiert. Die Blockzentrierung findet in der gegenwärtig zu beobachtenden Autarkietendenz und Konzentration auf den RGW-Raum ihren Ausdruck. Dieses Modell weist einige Übereinstimmungen mit dem neo-stalinistischen auf, vor allem aber sind seine Übergänge zum nächsten Modell, dem der kooperationsorientierten, liberalen Modernisierung, fließend, das zukünftig an Bedeutung gewinnen könnte. Der Vorteil des bisher angewandten Modells liegt in seinen begrenzten wirtschaftlichen und (vor allem) politischen Risiken. Sein Nachteil darin, daß es Wirtschaft und Gesellschaft der UdSSR kaum belebende Impulse zu vermitteln vermag.

c) Kooperationsorientierte, liberale Modernisierung

Auch bei diesem Modell bleibt das sowjetische Wirtschaftssystem prinzipiell erhalten. Es verbindet sich jedoch mit mehr Elementen wirtschaftlicher, politischer und kultureller Offenheit. Die Führung versucht, das System auf der Basis eines breiteren gesellschaftlichen Konsenses zu stabilisieren und ist bereit, hierfür eine begrenzte Freiheit anzubieten. In der Wirtschaftsreformpolitik werden vor allem die NEP-Komponenten verstärkt. In der Außenwirtschaft kommt es — zur Sicherung von Vorteilen weltwirtschaftlicher Arbeitsteilung — zu einem stärkeren Sich-Einlassen auf Ost-West-Zusammenarbeit. Voraussetzung dieses Modells ist in der UdSSR ein Generationswechsel in der Führung, international gesehen vor allem eine eindeutige Rückkehr zur Entspannungspolitik in Ost und West.

d) Kooperationsorientiertes Reform-Modell

Das Reform-Modell schließlich wäre durch eine tiefgreifende Reform des sowjetischen Wirtschaftssystems gekennzeichnet, die auf eine weitgehende Etablierung preisgesteuerter Marktprozesse hinausliefe. Politisch würde das Reform-Modell eine weitergehende Liberalisierung und weltwirtschaftlich eine starke Kooperationsneigung beinhalten. Aus vielen Gründen hängt auch die Realisierung des Reform-Modells von einer entspannten außenpolitischen Lage ab. Auch aus anderen Gründen ist eine solche Reform auf absehbare Zeit nicht in Sicht. Längerfristig unmöglich ist sie nicht. Denn es könnte sich herausstellen, daß die Produktivitätsgewinne auch des Modells kooperationsorientierter, liberaler Modernisierung — sollte es sich irgendwann in der Nach-Breshnew-Phase durchsetzen — zu bescheiden ausfallen, um den Ansprüchen einer nach wie vor wachstumsorientierten sowjetischen Führung zu entsprechen. Gewiß wären vor einer weitergehenden Reform viele Hindernisse beiseite zu räumen, doch hätten sich die Tendenzen zum Modell liberaler Modernisierung einmal durchgesetzt, so würden sich langfristig auch die Perspektiven des Reform-Modells verbessern.

Prüft man abschließend noch einmal die Wahrscheinlichkeit der genannten vier Modelle auf kurze oder mittlere Frist, so sprechen gegenwärtig alle Anzeichen für eine weitere Orientierung am Modell konservativer Modernisierung. Die Wahl des neo-stalinistischen Modells mag aus Gründen der inneren Stabilisierung kommunistischer Herrschaft sowjetischen Typs sowie zur Gewährleistung der außenpolitischen Hegemonie im RGW-Bereich für einige in der Führung der UdSSR attraktiv sein, doch sind die ökonomischen Kosten einer solchen Politik für die Sowjetunion so hoch, daß die Anwendung dieses Modells nur in einer verschärften weltpolitischen Krisensituation möglich erscheint. Die Perspektiven der beiden anderen, abgestuft reformorientierten Modelle könnten sich auf lange Sicht verbessern. Denn die zur Überwindung der krisenhaften Wirtschaftslage der UdSSR erforderlichen Effizienzsteigerungen und Entzerrungen der Wirtschaftsstruktur sind ohne tiefergehende Reformen nicht möglich.

Aufgabe der westlichen Politik sollte es sein, möglichen Tendenzen einer Rückkehr zu repressiveren Formen der Wirtschaftspolitik entgegenzuwirken und auf lange Sicht Bestrebungen in Richtung reformorientierter Modelle zu begünstigen. Zu beidem bietet sich eine Politik der Kooperation unter fest umrissenen Bedingungen in stärkerem Maße an als eine schwer durchführbare und im Hinblick auf die angestrebten politischen Effekte kaum wirksame Sanktions- und Embargo-Politik.

DIE SOWJETISCHE AUSSENPOLITIK AM AUSGANG DER „BRESHNEW-ÄRA"*

Von Boris Meissner

I. Afghanistan als Wendepunkt in der sowjetischen Außenpolitik unter Breshnew

Der russische Kriegsminister Kuropatkin hat am Beginn des 20. Jahrhunderts in einem Bericht an den Zaren mit Stolz darauf hingewiesen, daß Rußland seine Grenzen im Verlauf von zwei Jahrhunderten mit Hilfe von zahlreichen Kriegen gewaltig erweitert hat. Die zaristische Diplomatie hat es aber auch verstanden, mit nichtkriegerischen Mitteln, wie zum Beispiel durch den Abschluß der „ungleichen Verträge" mit China in der zweiten Hälfte des 19. Jahrhunderts, die teilweise auch den zentralasiatischen Bereich betrafen, eine beträchtliche Ausweitung des russischen Staatsgebiets zu erreichen. Andererseits hat Rußland durch den Verkauf Russisch-Amerikas an die Vereinigten Staaten 1867 auf eine Expansion in Nordamerika verzichtet und damit die Bereitschaft zu einer dauernden regionalen Begrenzung erkennen lassen.

Die Sowjetmacht hat im Unterschied zum zaristischen Rußland die Vergrößerung seines Territoriums und die Ausweitung seines imperialen Machtbereichs überwiegend nicht auf kriegerischem Wege, sondern mit Hilfe nichtkriegerischer Gewaltanwendung, insbesondere militärischer Interventionen, erreicht. Die bewaffnete Intervention in Afghanistan ist daher als Teil einer Kette von Interventionen zu sehen, welche die Sowjetmacht seit der Oktoberrevolution durchgeführt hat[1]. Sie erfolgten teils aufgrund des Hilfeersuchens kleiner prosowjetischer Gruppen, die in einigen Fällen, wie zum Beispiel der Tschechoslowakei 1968, nicht näher festzustellen waren, teils auf ultimativer Grundlage wie bei der Besetzung und Annexion der drei baltischen Staaten 1940, teils durch Einverleibung in aller Stille, wie im Falle der Volksrepublik Tannu Tuwa 1944.

---

* Der vorliegende Beitrag beruht teils auf dem Referat, das vom Verfasser auf der Jahrestagung des Göttinger Arbeitskreises am 9. April 1981 in Mainz gehalten wurde, teils auf seinen Aufsätzen in der „Außenpolitik" 1981 und 1983.

[1] Vgl. B. Meissner: Die Stellung der Sowjetunion zur Intervention und der Fall Afghanistan, Beiträge zur Konfliktforschung, 2/1980, S. 35 ff.

Im Hinblick auf die sowjetische Interventionspraxis stellte die bewaffnete Intervention in Afghanistan nichts außergewöhnliches dar. Das Besondere an dem Fall Afghanistan ist vor allem darin zu sehen, daß es sich bei dieser bewaffneten Intervention um den ersten unmittelbaren Einsatz starker sowjetischer Streitkräfte außerhalb des engern sowjetischen Hegemonialbereichs nach dem Zweiten Weltkriege handelte. Diese massive Einsatz erfolgte ohne Rücksicht auf die Geschäftsgrundlage der Entspannung seit 1969 und die verstärkten völkerrechtlichen Verpflichtungen, welche die Sowjetunion in der Zwischenzeit auf sich genommen hatte. Die Intervention galt dabei einem ungebundenen, blockfreien Land, das zwar zum weiteren Einflußbereich der Sowjetunion gehörte, aber nicht als Bestandteil einer anerkannten sowjetischen Interessensphäre anzusehen war. Zur Überraschung der Kreml-Führung zeigte sich, daß die überwiegende Mehrheit der Staaten der Welt nicht bereit war, ein solches aggressives Vorgehen gegen ein blockfreies Land hinzunehmen.

Die Intervention in Afghanistan hatte eine spürbare weltpolitische Isolierung der Sowjetunion zur Folge, die von Breshnew auf der Plenartagung des Zentralkomitees der KPdSU im Juni 1980[2] mittelbar zugegeben wurde. In diesem Zusammenhang sprach er von der komplizierten innen- und außenpolitischen Lage, in der sich die Sowjetunion befinden würde. In seinen Ausführungen, ebenso wie im Bericht des sowjetischen Außenministers Gromyko „Über die internationale Lage und die Außenpolitik der UdSSR", wurde die Bereitschaft, die bisherige sowjetische Außenpolitik einer Kurskorrektur zu unterziehen, erkennbar. Diese Bereitschaft, die auch im entsprechenden ZK-Bericht zum Ausdruck kam, ist wesentlich durch die zunehmenden wirtschaftlichen Schwierigkeiten der Sowjetunion bedingt gewesen. Sie ist durch die Ereignisse in Polen und durch den Führungswechsel in Washington noch verstärkt worden.

Die ideologische Begründung für die Kurskorrektur ergab sich aus dem strategisch-taktischen Denken, in dem die führenden Oligarchen im Kreml unter Stalin erzogen worden sind. Für sie bildet die Weltrevolution, ebenso wie globale Machtpolitik der Sowjetunion, die mit ihr verbunden ist, einen langfristigen Prozeß, bei dem sich Zeiten der revolutionären Flut mit solchen der revolutionären Ebbe abwechseln[3]. In der Zeit der revolutionären Flut sind die Chancen für eine Expansion, ohne Rücksicht auf die mit dem „Weltkapitalismus", d.h. dem ideologischen „Klassenfeind", getroffenen Vereinbarungen wahrzunehmen. In der Zeit der revolutionären Ebbe, die für den Bestand des „Weltsozialismus" gefährlich ist, hat man sich zurückzuhal-

---

[2] „Prawda" vom 24. 6. 1980.
[3] Zur „Ebbe- und Fluttheorie" Stalins vgl. Historicus: Stalin on Revolution, Foreign Affairs, 27. Jg., 1949, S. 192 f.; Diplomaticus: Stalinist Theory and Soviet Foreign Policy, Review of Politics, 14. Jg., 1952, S. 481 ff.

ten und das Kriegsrisiko möglichst gering zu halten. Im Sinne dieser Vorstellung ist von Breshnew in einem Prawda-Interview vom 31. Juli 1980 von „Flut und Ebbe" in der Entspannungspolitik gesprochen worden.

Offenbar ist die Kreml-Führung seit der Jubiläumstagung der Warschauer Paktstaaten im Mai 1980 davon ausgegangen, daß sich eine „Gezeitenwende" ankündigte, die eine Anpassung der sowjetischen Außenpolitik an die Bedingungen einer „Ebbe-Zeit" notwendig machte. Diese Ansicht hat auf dem Wege zum XXVI. Parteitag weiter an Gewicht gewonnen.

II. Die Außenpolitik auf dem XXVI. Parteitag der KPdSU

1. Die Kurskorrektur in der sowjetischen Außenpolitik

Viele Vorschläge, die in der Deklaration des Politischen Beratenden Ausschusses des Warschauer Paktes vom 15. Mai 1980[4] und im ZK-Bericht vom 23. Juni 1980[5] gemacht worden sind, fanden sich auch im außenpolitischen Teil des Referats, das Breshnew am 23. Februar 1981 auf dem XXVI. Parteikongreß der KPdSU vortrug. Das Referat enthielt den „Rechenschaftsbericht der KPdSU und die nächsten Aufgaben der Partei in der Innen- und Außenpolitik"[6]. Die Betonung lag ebenso wie 1976 stärker auf der künftigen Aufgabenstellung der sowjetischen Außenpolitik als auf der Bewertung der von ihr in den vergangenen fünf Jahren erzielten Ergebnisse.

Die anschließende Diskussion, an der sich der Außen- und der Verteidigungsminister auch diesmal nicht beteiligten, fügte zu den Ausführungen Breshnews nur wenig hinzu. Eine bestimmte Ergänzung nach der außenwirtschaftlichen Seite bildete der Bericht über den neuen Fünfjahresplan 1981-1985 und den Langzeitplan bis 1990[7], der am 27. Februar 1981 vom Ministerpräsidenten N.A. Tichonow, dem Nachfolger Kossygins, der im Dezember 1980 verstorben ist, erstattet wurde.

Der „Leninsche Kurs" und die „praktische Tätigkeit" des Zentralkomitees sind vom Parteitag am 27. Februar „voll" und „ganz" gebilligt worden. Gebilligt wurde gleichzeitig die im Breshnew-Referat gehaltene innen- und außenpolitische Generallinie.

Die stärkere Betonung lag bei den Ausführungen Breshnews auf der außenpolitischen Abschirmung des inneren Aufbaus in der Sowjetunion und einer realistischen Fortführung der Integration im sowjetischen Hegemonial-

---

[4] „Prawda" vom 16.5.1980.
[5] „Prawda" vom 24.6.1980.
[6] „Prawda" vom 24.2.1981.
[7] „Prawda" vom 28.2.1981.

bereich. Sie ist damit mehr im Sinne einer regional begrenzten Strategie gemeint gewesen, bei welcher der kontinentale Charakter überwiegt.

Die expansive Stoßkraft der globalen Strategie, für welche die Intervention in Afghanistan einen Höhepunkt bedeutete, hat dagegen nachgelassen.

Im Unterschied zum XXV. Parteitag fehlte auch die stärkere Hervorhebung des weltrevolutionären Elements. Auf das Prinzip des „proletarisch-sozialistischen Internationalismus" wurde nur am Rande eingegangen. Das Weltmachtbewußtsein ist zwar im Breshnew-Referat spürbar. Es wird aber nicht so demonstrativ nach außen wie bisher zum Ausdruck gebracht.

In der Einführung zum Breshnew-Referat ist von einem „intensiven Kampf zweier Richtungen in der Weltpolitik" die Rede. Dabei wird einer entspannungsfreundlichen eine entspannungsfeindliche Richtung gegenübergestellt. Im Grunde genommen trifft diese Feststellung trotz einer bestimmten Vermischung aufgrund des selektiven Entspannungskonzepts der Sowjetunion[x] in sehr viel stärkerem Maße auf die sowjetische Außenpolitik zu. Wenn man die Reden Breshnews auf dem XXV. und XXVI. Parteitag vergleicht, erst recht aber, wenn man der Entspannungsrethorik die außenpolitischen Aktionen der Sowjetunion in der Berichtszeit gegenüberstellt, wird der Unterschied zwischen zwei abweichenden Linien in der sowjetischen Außenpolitik sehr deutlich.

Es ist offenkundig, daß wesentliche Abschnitte des außenpolitischen Teils des Breshnew-Referats von 1976 von Susslow und seinen Mitarbeitern, insbesondere Ponomarjow, formuliert worden sind. Im außenpolitischen Teil des Breshnew-Referats von 1981 ist dagegen mehr die Handschrift seiner eigenen engeren Mitarbeiter, die in seinem persönlichen Sekretariat und im ZK-Apparat, insbesondere in der Abteilung für internationale Information tätig sind, spürbar. Gromyko scheint gleichsam vermittelnd und zugleich verbindend zwischen beiden Linien zu stehen. Infolgedessen fällt es ihm auch nicht schwer, sich der jeweils dominierenden Linie anzupassen.

Die härtere Linie ist nach wie vor da. Sie ist in der Gedenkrede Marschall Ustinows anläßlich des Gründungstages der Roten Armee am Vorabend des XXVI. Parteitages[9] und auch in bestimmten Formulierungen der Parteitagsredner zum Ausdruck gekommen.

2. Die Beziehungen innerhalb des Sowjetblocks und die verstärkten Integrationsbestrebungen

In der Überschrift des ersten Abschnitts des Breshnew-Referats ist von der Entwicklung des „sozialistischen Weltsystems" die Rede. Gemeint ist damit

---
[x] Vgl. Meissner, Sowjetische Außenpolitik, S. 266 ff.
[9] „Prawda" vom 23. 2. 1981.

im vorliegenden Fall die „sozialistische Gemeinschaft", deren Bestand sich aus den Mitgliedstaaten des Warschauer Pakts und des Rats für gegenseitige Wirtschaftshilfe (RGW), der auch die Mongolei, Vietnam und Kuba umfaßt, ergibt. Bemerkenswert ist, daß Breshnew auch Laos, nicht aber das von Vietnam besetzte Kampuchea zur „sozialistischen Gemeinschaft" zählte.

Als wichtiges Mittel, um die Einheit und Geschlossenheit des sowjetischen Hegemonialverbandes zu verbürgen, ist vom Generalsekretär das „Ständige Zusammenwirken der kommunistischen Bruderparteien" aufgeführt worden. Er hat gleichzeitig die Bedeutung unmittelbarer Verbindungen zwischen den jeweiligen Staatsorganen und gesellschaftlichen Organisationen besonders hervorgehoben. Bei der Gestaltung der Parteibeziehungen legte Breshnew großen Wert auf „Freundschaftstreffen auf höchster Ebene". Insgesamt haben seit 1976 37 zweiseitige Treffen zwischen Breshnew und den Führern der herrschenden kommunistischen Parteien auf der Krim stattgefunden. Die Koordination der Außenpolitik, die durch die Krim-Treffen bewirkt wurde, ist durch die personelle Kontinuität, die sich in den siebziger Jahren herausgebildet hatte, wesentlich gefördert worden. Außerdem ist durch diese Form des Meinungsaustausches die dominierende Rolle Breshnews bei der Gestaltung der Intrablockbeziehungen stärker zur Geltung gekommen.

Inzwischen ist die personelle Kontinuität im Falle Polen zweimal unterbrochen worden. Die innenpolitischen Schwierigkeiten haben bei den meisten beteiligten Ländern wesentlich zugenommen. „Viele, neue, große Probleme", die sich auf die gesamte „sozialistische Gemeinschaft" beziehen, sind sichtbar geworden. Ihre Lösung läßt vom sowjetischen Standpunkt eine teilweise Rückkehr zu den früher üblichen gemeinsamen Tagungen der kommunistischen Parteiführer erwünscht erscheinen. In diesem Sinne meinte Breshnew, daß es „nützlich" wäre, wenn die anstehenden Probleme von den führenden Politikern bereits „in naher Zukunft kollektiv erörtert würden."

Neben den Parteibeziehungen ist die Bedeutung des Warschauer Pakts und des Rats für gegenseitige Wirtschaftshilfe (RGW) für den Zusammenhalt und die Integration des Sowjetblocks vom Generalsekretär besonders hervorgehoben worden.

Nach der Intervention in der Tschechoslowakei im August 1968 ist die Führungsstruktur der Warschauer Paktorganisation durch die Schaffung eines Ständigen Komitees der Verteidigungsminister, eines Militärrates und eines Komitees zur Koordinierung der Wehrtechnik ausgebaut worden[10]. Nach dem XXV. Parteitag ist ein Ständiges Komitee der Außenminister errichtet und das Vereinigte Sekretariat reorganisiert und als Organ des Warschauer Paktes verselbständigt worden.

---

[10] Vgl. J. Hacker: Der Warschauer Pakt, in: D. Geyer, B. Meissner (Hrsg.): Sowjetunin. Völkerrechtstheorie und Vertragspolitik (osteuropa-Handbuch), Köln-Wien 1976, S. 178 ff.; St. Tiedke: Die Warschauer Paktorganisation, München-Wien 1978, S. 93 ff.

Im Breshnew-Referat wird die Tätigkeit des Politischen Beratenden Ausschusses sowie des Außenminister- und des Verteidigungsministerkomitees besonders lobend erwähnt. Gleichzeitig wird betont, daß das „militärpolitische Verteidigungsbündnis der Länder des Sozialismus über alles Erforderliche verfügt, um die sozialistischen Errungenschaften der Völker zuverlässig zu schützen".

Auf die zweiseitigen Bündnisverträge mit den ostmitteleuropäischen Volksdemokratien [11], die im Unterschied zum Warschauer Pakt eine automatische Beistandsleistung vorsehen, ist Breshnew diesmal nicht eingegangen, da von der Sowjetunion nach den Verträgen mit der CSSR 1970 und der DDR 1975 weitere Bündnisverträge von dem Charakter von Blockverträgen nicht abgeschlossen worden sind. Dies bedeutet keineswegs, daß die Sowjets die Absicht, bei den bilateralen Pakten den Übergang von der zweiten zur dritten Generation unter vertraglicher Verankerung der Breshnew-Doktrin zu vollziehen, aufgegeben haben. Bemerkenswert ist, daß der sozialistische Internationalismus als das grundlegende Prinzip des Sowjetblocks in diesem Abschnitt nur ein einziges Mal vorkommt.

In dem Breshnew-Referat wird von einer Beschleunigung und Vertiefung der wirtschaftlichen Integration im Rahmen des Rats für gegenseitige Wirtschaftshilfe [12] gesprochen.

Eine verstärkte wirtschaftliche Integration soll in den achtziger Jahren durch die „Abstimmung der Wirtschaftspolitik" in Ergänzung der bisherigen Plankoordinierung, „die Annäherung der Strukturen der Wirtschaftsmechanismen",d. h. über die Angleichung der Planungs- und Verwaltungsstrukturen, „die Entwicklung direkter Verbindungen" zwischen den am Integrationsprozeß beteiligen Ministerien, Vereinigungen und Betrieben sowie durch die Errichtung weiterer gemeinsamer Betriebe und anderer gemeinsamer Einrichtungen erreicht werden.

3. Die Stellung zur Polen-Krise, die Wiederbelebung der „Verschiedene-Wege"-Theorie und das Verhältnis zu China

Von den Sowjets ist der „ideologische Kampf" stets als ein Element der „friedlichen Koexistenz" angesehen worden. Bemerkenswert ist, daß die „Zuspitzung des ideologischen Kampfes", der von sowjetischer Seite bisher immer in Form eines „psychologischen Krieges" geführt wurde, auf einmal

---

[11] Vgl. B. Meissern: Entwicklungsphasen des Ostpakt-Systems in Ost- und Mitteleuropa, „Recht in Ost und West", 25. Jg., 1981, S. 7 ff.

[12] Vgl. A. Uschakow: Der Rat für gegenseitige Wirtschaftshilfe, in: D. Geyer, B. Meissner: Völkerrechtstheorie und Vertragspolitik, S. 185 ff.; Derselbe: Spezialisierung und Kooperation im RGW, „Osteuropa-Recht", 25. Jg., 1979, S. 191 ff.; Derselbe: Integration und gemeinsame Betriebe im rGW, „Recht in Ost und West", 23. Jg., 1979, S. 49 ff.

von Breshnew beklagt wurde. Er behauptete, daß der Westen eine ganze Maschinerie mit dem Ziel in Bewegung gesetzt habe, „die sozialistische Welt zu untergraben und aufzuweichen". Nach seiner Auffassung hätten die Ergebnisse der letzten Zeit gezeigt: „Unsere Klassengegner lernen aus ihren Niederlagen. Sie gehen gegen die sozialistischen Staaten immer raffinierter und heimtückischer vor." Diese Bemerkung betraf vor allem die Entwicklung in Polen[13]. Breshnew war allerdings gezwungen zuzugeben, daß die Polen-Krise nicht nur durch angebliche „imperialistische subversive Aktionen", sondern auch durch „Fehler und Fehleinschätzungen in der Innenpolitik" verursacht wurde. Er erklärte, daß dadurch „der Boden für eine Aktivierung der dem Sozialismus feindlich gesinnten Elemente" entstanden sei. Diese wären „mit Unterstützung von außen" bestrebt, „durch Stiftung von Anarchie", „die Entwicklung in eine konterrevolutionäre Bahn zu lenken". Dadurch sei „eine Gefahr für die Grundlagen des sozialistischen Staates" entstanden. Breshnew erwähnte die Bemühungen der polnischen Parteiführung zur Überwindung der Krisensituation. Aus seinen Ausführungen war jedoch, im Unterschied zur Feststellung des Gipfeltreffens des Warschauer Paktes in Moskau im Dezember 1980, nicht zu ersehen, daß er von einem Erfolg dieser Bemühungen überzeugt war. Dafür erklärte er, daß die „Freunde und Verbündeten", d. h. die Sowjetunion und die anderen Warschauer Paktstaaten, „das sozialistische Polen, das brüderliche Polen nicht im Stich lassen werden".

Die Äußerungen Breshnews ließen erkennen, daß eine akute Bedrohung der staatlichen Souveränität und Eigenständigkeit Polens nicht vorlag, daß aber eine sowjetische Intervention unter bestimmten Umständen weiterhin nicht ausgeschlossen wurde.

Ohne Zweifel ist durch die wirtschaftliche und politische Krise in Polen seit dem Herbst 1980 für die sowjetische Hegemonialmacht eine besonders schwierige Lage entstanden. Polen stellte bisher schon infolge der besonderen Stellung der katholischen Kirche, dem weit überwiegenden Privatbesitz der Bauern und dem größeren Freiheitsraum für die Intellektuellen einen Sonderfall im sowjetischen Hegemonialverband dar. Mit dem freien Gewerkschaftsbund „Solidarität" war eine Organisation hinzugetreten, der nicht nur eine wirtschaftliche, sondern auch als Gegengewicht zur kommunistischen Partei eine politische Bedeutung zukam. Verschiedene Reformpläne, die in Polen erwogen wurden, wären bei einer veränderten Vorstellung von der „führenden Rolle der Partei" auf die Schaffung eines „konstitutionellen Einparteistaates" hinausgelaufen. Ebenso wie in der Vergangenheit der

---

[13] Vgl. Ch. Royen: Der „polnische Sommer" 1980. Zwischenbilanz und Ausblick, „Europa-Archiv", 35. Jg., 1980, S. 735 ff.; E. M. Bader: Polens lange Krise. Das Ringen der neuen Gewerkschaft „Solidarität" mit Staat und Partei, „Europa-Archiv", 36. Jg., 1981, S. 97 ff.; W. Wagner: Die „interne" Unterdrückung der polnischen Freiheitsbewegung, „Europa-Archiv", 37. Jg., 1982, S. 117 ff.

Entwicklung der absoluten Monarchie über den aufgeklärten Absolutismus zur konstitutionellen Monarchie geführt hat, ist eine ähnliche Entwicklung bei einem kommunistischen Einparteistaat denkbar. Dieses Ziel, wenn auch auf anderen Wegen, ist auch von den tschechoslowakischen Reformern 1968 angestrebt worden.

Die Kernfrage ist, ob die Kreml-Führung einsehen kann, daß eine solche Form des kommunistischen Einparteistaates nicht unbedingt eine Gefährdung ihrer inneren Sicherheit zu bedeuten braucht, vor allem, wenn sie selbst die Kraft hätte, durch Wiederbelebung des Liberalisierungsprozesses aus der Zeit Chruschtschows den Übergang von einem vorwiegend totalitären zu einem freieren autoritären Einparteisystem zu vollziehen. Die Folgen einer bewaffneten Intervention in Polen könnten für die innere Sicherheit der Sowjetunion wesentlich gefährlicher sein, als die Duldung eines abweichenden Modells in einem Land, das von seiner geographischen Lage her nicht die gleichen militärischen Probleme aufwirft wie seinerzeit die Tschechoslowakei. Die Auswirkungen einer totalen Besetzung Polens würden nicht nur die wirtschaftlichen Schwierigkeiten Polens wesentlich vergrößern, sondern auch den wirtschaftlichen Integrationsprozeß in Osteuropa auf Jahre zurückwerfen.

Die Tagung des Politischen Beratenden Ausschusses des Warschauer Paktes am 5. Dezember 1980 hat erkennen lassen, daß sich die Kreml-Führung der Folgen, die eine bewaffnete Intervention in Polen für die Sowjetunion und ihrer Stellung in der Welt bedeuten würde, voll bewußt ist. Sie scheint daher bereit zu sein, das Verhältnis von Kosten und Nutzen diesmal genauer abzuwägen als das 1968 bei der Tschechoslowakei der Fall war.

Dem neuen polnischen Parteichef Kania fiel die schwierige Aufgabe zu, in seiner Rede vor dem Parteitag[14], Selbstkritik mit dem Willen zur Selbstbehauptung zu verbinden. In seinen Dank an die Sowjetunion für ihre „brüderliche Hilfe" bezog er ihre „Einsicht in die Situation" und den Glauben daran ein, daß die polnische Partei und das Volk selbständig die entstandenen Probleme „im Geist des Sozialismus" lösen würde. Er fügte hinzu „Wir wollen ihnen, Genossen und allen unseren Freunden, versichern, daß wir genug Willen und Kraft haben, zu erreichen, daß sich die Konterrevolution in Polen nicht durchsetzt". Von den ostmitteleuropäischen Parteiführern war es nur der ungarische Parteichef Kádár, der die gleiche Überzeugung zum Ausdruck brachte.

Für die sowjetische Bereitschaft, mit größerer Gelassenheit Abweichungen vom orthodox-kommunistischen Modell hinzunehmen, spricht, daß im Breshnew-Referat eine Rückbesinnung auf die Theorie der „verschiedenen

---

[14] „Prawda" vom 25. 2. 1981.

Wege zum Sozialismus"[15] erfolgt ist. Durch ihre Wiederbelebung könnte eine friedliche Lösung der Polen-Krise, die vom Standpunkt der Kreml-Führung auch nach der Ersetzung Kanias als Parteichef durch General Jaruzelski und der Errichtung des Kriegsrechtsregimes weiter in der Schwebe ist, gefördert werden. Breshnew hielt zwar an der Formel der „Annäherung der sozialistischen Staaten" fest, erklärte aber zugleich, daß durch den Annäherungsprozeß „die nationale Spezifik und die historischen Besonderheiten" der einzelnen Länder nicht ausgelöscht werden. Er betonte dabei „die Vielfalt der Wege und Methoden zur Durchsetzung der sozialistischen Lebensweise". Allerdings wurden die Grundgedanken der „Verschiedene-Wege"-Theorie in dem Abschnitt über die kommunistische Weltbewegung klarer zum Ausdruck gebracht. Sie dürften im Hinblick auf den „sozialistischen Aufbau" auch auf die kommunistischen Länder anzuwenden sein. Dies müßte aus sowjetischer Sicht vor allem für diejenigen Länder wie Jugoslawien, Nord-Korea und die Volksrepublik China gelten, die dem sowjetischen Hegemonialverband nicht angehören.

Während die Beziehungen zu Jugoslawien und Nord-Korea von Breshnew positiv beurteilt wurden, setzte er sich mit der Volksrepublik China scharf auseinander. Er warf der derzeitigen chinesischen Führung vor, in Verbindung mit dem „Imperialismus" eine Außenpolitik zu betreiben, „die auf eine Verschärfung der internationalen Lage gerichtet" sei. Breshnew betonte gleichzeitig das sowjetische Interesse an einer Normalisierung der gegenseitigen Beziehungen auf der Grundlage der früher von der Sowjetunion gemachten Vorschläge. Um welche Vorschläge es sich konkret handelt, wurde von ihm nicht gesagt. Der sowjetische Plan einer Konferenz für Sicherheit in Asien (KSA), den Peking entschieden ablehnt, wurde von Breshnew nicht erwähnt. Dafür versuchte er über seine an anderer Stelle des Referats gemachten Vorschläge von vertrauensbildenden Maßnahmen im Fernen Osten und einer Sondersitzung des Sicherheitsrates der Vereinten Nationen eine Beteiligung Chinas am Ost-West-Dialog zu erreichen.

4. Die KPdSU und die kommunistische Weltbewegung

Im weiteren Sinn gehören zum „sozialistischen Weltsystem" auch die nicht an der Macht befindlichen kommunistischen Parteien und die mit ihnen verbündeten Kräfte, auf die Breshnew im dritten Abschnitt seines Referats näher einging.

Aus seinen Ausführung war zu ersehen, daß die Differenzen innerhalb der kommunistischen Weltbewegung seit dem XXV. Parteitag zugenommen

---
[15] Zur „Verschiedene Wege-Theorie" vgl. B. Meissner: Die „Breshnew-Doktrin". Das Prinzip des „proletarisch-sozialistischen Internationalismus" und die Theorie von den „verschiedenen Wegen zum Sozialismus", Köln 1969.

haben und daß sich vor allem die Beziehungen zu bestimmten eurokommunistischen Parteien verschlechtert haben. Letzteres war im Breshnew-Referat daraus zu ersehen, daß unter den kommunistischen Parteien in Europa, mit denen die KPdSU „gute, freundschaftliche Beziehungen" unterhält, die italienische und spanische KP im Unterschied zur französischen nicht aufgeführt wurden. Dem Parteitag blieb neben Berlinguer und Carillo auch der französische KP-Chef Marchais fern. Eine Ansprache vor dem Parteitag wurde nur dem französischen Delegationsleiter Plissonier gestattet. Der italienische Delegationsleiter Pajetta hatte nur die Möglichkeit, seine Rede, in der die sowjetische Intervention in Afghanistan kritisiert wurde, in einer geschlossenen sowjetischen Gewerkschaftsversammlung zu halten. Ihre Veröffentlichung in der „Prawda" erfolgte mit Verzögerung[16]. Die spanische Delegation nahm den gescheiterten Putschversuch in Madrid zum Anlaß, den Parteitag vorzeitig zu verlassen.

Im Breshnew-Referat wurden die Bemühungen der KPdSU sichtbar, die Einheit der kommunistischen Weltbewegung unter einer weniger straffen Führung Moskaus dadurch zu erhalten, daß reformkommunistischen und sonstigen autonomistischen Parteien mehr Bewegungsspielraum eingeräumt wird. Zu diesem Zweck ist unter Bezugnahme auf eine bekannte Formulierung Lenins, die Theorie von den „verschiedenen Wegen zum Sozialismus" neben den „Orientierungspunkten" der Berliner Konferenz der europäischen kommunistischen Parteien von 1976 zur Grundlage der interparteilichen Beziehungen erklärt worden. Der Begriff des „proletarischen Internationalismus", der 1976 im Mittelpunkt dieses Abschnitts stand, ist dafür ganz zurückgetreten. Er ist nur beiläufig erwähnt worden.

Im Breshnew-Referat wird behauptet, daß „das Recht auf die nationale Besonderheit der Wege und Formen des Kampfes für den sozialistischen Aufbau", für das einige kommunistische Parteien „energisch" eintreten würden, von der KPdSU nie in Frage gestellt worden sei. Die KPdSU hätte sich „immer an die Leninsche Feststellung (zur Möglichkeit verschiedener Wege zum Sozialismus) gehalten". Niemand anderem wären „irgendwelche Schablonen und Schemata" aufgezwungen oder „die Besonderheiten dieses oder jenes Landes" ignoriert worden. Von einer „Gleichschaltung" könne keine Rede sein. Wie fragwürdig diese Behauptung ist, ist daraus zu ersehen, daß unter anderem die DDR, Polen, Ungarn und die Mongolei als Beispiele für die „strikte" Einhaltung der mit der „Verschiedene-Wege"-Theorie verbundenen Forderungen gebracht werden.

Zahlreiche Beispiele, unter anderem die Unterdrückung der kritischen Stellungnahmen westeuropäischer Kommunisten zur sowjetischen Intervention in Afghanistan, lassen erkennen, daß auch die Behauptung, die

---

[16] „Prawda" vom 2. 3. 1981.

KPdSU sei „gegenüber kameradschaftlicher oder konstruktiver Kritik sehr aufgeschlossen", nicht zutrifft.

Bei Meinungsverschiedenheiten zwischen kommunistischen Parteien nimmt die KPdSU weiterhin für sich in Anspruch, darüber zu entscheiden, ob es sich um „prinzipielle Meinungsverschiedenheiten", bei denen kein Kompromiß erlaubt ist, handelt, oder nicht. Die scharfe Unterscheidung von „Revolutionären und Reformisten" zeigte dabei klar die Grenzen auf, die Kommunisten in ihrer Zusammenarbeit mit Sozialdemokraten, die in der gegenwärtigen „komplizierten internationalen Situation" im Breshnew-Referat bejaht wurde, einzuhalten haben.

5. Die Beziehungen mit den afroasiatischen Entwicklungsländern

Auf die Beziehungen mit den afroasiatischen Entwicklungsländern ging Breshnew im zweiten Abschnitt seines Referates näher ein. Er begrüßte es, daß die Zahl der „Staaten mit sozialistischer Orientierung" zugenommen habe, ohne näher auszuführen, welche Staaten nach sowjetischer Auffassung unter diese Bezeichnung fallen. Er sprach von dem „bunten Bild", das die Dritte Welt bietet und den „komplizierten Bedingungen" unter denen die Entwicklung der „Staaten mit sozialistischer Ordnung" verläuft. Bei dem Ausbau der Beziehungen der Sowjetunion mit diesen Ländern wurde von ihm die Bedeutung der Verträge über Freundschaft und Zusammenarbeit, bei denen es sich um „politische Kooperationsverträge" und keine Beistandspakte handelt[17], unterstrichen. Er erwähnte außer den Verträgen mit Angola, Äthiopien, Moçambique, Afghanistan und dem Süd-Jemen auch den Vertrag mit Syrien, der am 8. Oktober 1980, d. h. kurz vorher, von der Sowjetunion abgeschlossen worden ist.

Neben der sowjetischen Leistungen im Rahmen der wirtschaftlichen und wissenschaftlichen Zusammenarbeit wies Breshnew auf die militärische Hilfe der Sowjetunion und ihrer Gefolgsstaaten zur „Stärkung der Verteidigungskraft" der „national befreiten Staaten" besonders hin, wobei er Angola und Äthiopien als Beispiele erwähnte.

Im Hinblick auf Afghanistan wiederholte er Argumente, mit denen die Sowjetunion bisher schon ihre völkerrechtswidrige Intervention zu rechtfertigen versuchte. Die Feststellung, daß die Sowjetunion gegen den „Export der Revolution" sei, aber den „Export der Konterrevolution" nicht zulassen könne, erschien in diesem Zusammenhang besonders pikant. Die These, daß die Sowjetunion aus prinzipiellen Gründen einen „Export der Revolution"

---

[17] Vgl. B. Meissner: Spezifische Wandlungen im Ostpakt-System, „Außenpolitik", 30. Jg., 1979, S. 289 ff.

ablehnen würde, ist erstmals von Stalin 1936 aufgestellt worden[18]. Trotz ständiger Wiederholung ist diese Behauptung immer wieder durch die außenpolitische Praxis der Sowjetunion — von der Annexion der baltischen Staaten 1940 bis zur Intervention in Afghanistan 1979 — widerlegt worden. An den Bedingungen der Kreml-Führung für den Abzug der sowjetischen Streitkräfte aus Afghanistan hat sich nichts geändert. Gefordert werden weiterhin „Vereinbarungen zwischen Afghanistan und seinen Nachbarn", unter Aufrechterhaltung des bestehenden prosowjetischen Regimes, das von Breshnew mit einer „Revolution" gleichgesetzt worden ist. Diese Vereinbarungen sollten „zuverlässige Garantien" gegen alle Einwirkungen von außen, die mit einer Intervention gleichgesetzt werden, enthalten. An anderer Stelle deutete er die Möglichkeit an, daß die Frage des Afghanistan-Konflikts im Zusammenhang mit der Lage im Persischen Golf behandelt werden könne.

Breshnew begrüßte zwar den „Sturz des volksfeindlichen, monarchistischen Regimes" im Iran als „antiimperialistische Revolution", war sich aber infolge ihrer „Kompliziertheit und Widersprüchlichkeit" über ihren Ausgang nicht ganz sicher. Er meinte, daß „islamische Losungen", die in jüngster Zeit in „einigen Ländern des Ostens" aktiv verbreitet würden, auch der Reaktion und Konterrevolution dienen könnten. Daher sei die jeweilige Bewegung nach ihrem „realen Inhalt" zu beurteilen.

In der Nahost-Frage lehnte Breshnew jede separate Lösung ab. Unter Teilnahme aller interessierten Mächte, darunter der Sowjetunion und der PLO, solle im Rahmen einer „internationalen Konferenz" eine Regelung angestrebt werden, welche die Rechte der Palästinenser ebenso verwirklicht, wie sie „die Sicherheit und Souveränität aller Staaten dieser Region, darunter Israels" gewährleistet.

Die Bedeutung des guten Verhältnisses zu Indien wurde von Breshnew besonders betont. Er befürwortete auch eine „gute Zusammenarbeit" mit Indonesien und den anderen ASEAN-Staaten. Er sprach sich weiterhin für eine Erhöhung der Rolle der Bewegung der nichtpaktgebundenen Länder aus, ohne die Enttäuschung über ihre kritische Einstellung zur sowjetischen Intervention in Afghanistan zum Ausdruck zu bringen.

Die Sowjetunion würde auch weiterhin alles tun, um die Zusammenarbeit mit den „national befreiten Ländern" zu entwickeln und das „Bündnis des Weltsozialismus mit der nationalen Befreiungsbewegung" zu festigen.

Tatsächlich ist die Sowjetunion trotz ihrer geringen Entwicklungshilfe nicht bereit, den Entwicklungsländern, soweit sie nicht in einem engeren Verhältnis zu ihr stehen, wirtschaftlich in stärkerem Umfange als bisher zu

---

[18] Vgl. das Interview Stalins mit Roy Howard vom 1. März 1936, in: I. W. Stalin, Socinenija (Werke), Bd. 1 (XIV 1934-1940, herausgegeben von R. H. Mc Neal, Stanford 1967, S. 121 f.

helfen. Daher wird es bei der Suche nach einer „neuen Weltwirtschaftsordnung" im Breshnew-Referat ausdrücklich abgelehnt, alle Probleme „auf die Unterschiede zwischen dem ‚reichen Norden' und dem ‚armen Süden'" zurückzuführen.

6. Die Beziehungen zu den westlichen Staaten

Der vierte Abschnitt des Breshnew-Referats, der sich mit den Beziehungen zu den kapitalistischen, d. h. westlichen Staaten auf der Grundlage der friedlichen Koexistenz befaßt, wurde mit der These, daß sich die allgemeine Krise des Kapitalismus „während der vergangenen Jahre weiter verschärft hat", eingeleitet. Aus den dadurch bedingten Schwierigkeiten, denen das „kapitalistische Weltsystem" unterworfen sei, wird auf einen verstärkten Einfluß von aggressiven Gegnern der Entspannung geschlossen, die eine Rüstungsbegrenzung ebenso wie eine Verbesserung der Beziehungen zum Sowjetunion ablehnen würden. In diesem Zusammenhang wurden bestimmte Doktrinen der amerikanischen Außenpolitik, unter Nennung Carters, sowie die amerikanischen Bemühungen um die Sicherung des Zuganges zum Persischen Golf und zur Wiederherstellung des militärischen Gleichgewichtes in der Welt scharf kritisiert. Empört wurde von Breshnew die Gleichsetzung des „Befreiungskampfes der Volksmassen" mit „Terrorismus", ohne Reagan zu nennen, zurückgewiesen. Eine Stoßrichtung der sowjetischen Außenpolitik zum Persischen Golf wurde von ihm bestritten. Er wiederholte den sowjetischen Vorschlag, ein internationales Abkommen zu schließen, das sowohl die souveränen Rechte der Anliegerstaaten des Persischen Golfs, als auch „die Sicherheit der See- und anderen Verkehrswege" die sie mit der übrigen Welt verbinden" garantieren solle.

Breshnew beklagte die Verschlechterung der bilateralen Beziehungen mit den USA unter der Carter-Administration, die zur Nichtratifizierung des SALT II-Vertrages geführt hätten. Von der neuen Regierung erhoffte er sich, daß sie trotz einiger unbedachter Äußerungen die Dinge schließlich „realistischer" betrachten werde. Er betonte, daß die UdSSR „normale Beziehungen" zu den USA wünsche und schlug daher einen „aktiven Dialog" über die brennenden internationalen Probleme auf „allen Ebenen" vor. Zu diesem Zwecke regte er auch ein „Treffen auf höchster Ebene" an, da ihm eine „entscheidende" Bedeutung zukommen würde.

Breshnew erklärte, daß die Sowjetunion „keine militärische Überlegenheit über die andere Seite anstreben würde". Sie würde es aber auch „nicht gestatten, daß die andere Seite Überlegenheit über uns erreicht". Er behauptete ferner, daß nicht nur bei den strategischen Kernwaffen mittlerer Reichweite in Europa eine „annähernde Parität" vorliegen würde. Eine sowjetische Überlegenheit in der Gesamtzahl der Streitkräfte wurde von ihm geleugnet. Er drohte, daß jede Veränderung des „entstandenen militärischen Gleichgewichts" eine neue noch kostspieligere und gefährlichere Runde des Wettrüstens zur Folge haben würde.

Breshnew bezeichnete die „friedliche Zusammenarbeit" in Europa „im großen und ganzen" als „nicht schlecht". Bei wichtigen außenpolitischen Problemen sei es „nicht selten" gelungen, „eine gemeinsame Sprache zu finden".

Im Verhältnis zu den einzelnen europäischen Ländern erwähnte er die zufriedenstellende Entwicklung der Beziehungen zu Frankreich an erster Stelle, wobei er den Dialog mit Präsident Giscard d'Estaing besonders hervorhob. Er setzte sich für eine dynamische Weiterentwicklung dieser Beziehungen als einem „wichtigen Faktor der Entspannung" ein, obwohl die Sowjetunion „nicht immer mit allen Aktionen Frankreichs auf dem internationalen Schauplatz einverstanden" sei.

An zweiter Stelle erwähnte Breshnew die Beziehungen zur Bundesrepublik Deutschland, die sich auf der Grundlage des Moskauer Vertrages von 1970 „insgesamt günstig gestaltet" haben. Er bezeichnete die Begegnungen mit Bundeskanzler Schmidt 1978 und 1980, wie auch die früheren Treffen mit Willy Brandt als „einen nützlichen Beitrag zur Entspannung in Europa".

Der Handel habe sich fast verdoppelt. Großprojekte würden in den wirtschaftlichen Beziehungen „einen vorderen Platz einnehmen". Breshnew betonte aber zugleich, daß in „wichtigen Bereichen" weiterhin wesentliche Meinungsverschiedenheiten mit der Bundesrepublik bestehen würden. Als Beispiele nannte er die angeblichen Versuche Bonns, „das Vierseitige Abkommen über Westberlin bisweilen zu umgehen und in einer Reihe von Fragen der Souveränität der DDR nicht Rechnung zu tragen". Er fügte hinzu: „Wir sind für die strikte und vollständige Einhaltung der in den siebziger Jahren erzielten Vereinbarungen. Das ist wichtig für das gegenseitige Verständnis und die Zusammenarbeit zwischen unseren beiden Ländern, für den Frieden in Europa."

Nach dem Parteitag hat sich in der Kreml-Führung der Eindruck verstärkt, daß die Bundesrepublik Deutschland im Rahmen der sowjetischen Westpolitik leichter zu beeinflussen sei als Frankreich. Der Besuch Breshnews in Bonn im November 1981 ließ deutlich erkennen, daß die Sowjets der deutschen Karte, in dem Bestreben, Westeuropa gegen die Vereinigten Staaten auszuspielen, eine besondere Bedeutung zumaßen.

Nach einem Hinweis auf „bestimmte Fortschritte" in den Beziehungen mit Italien ging Breshnew in seinem Referat auf die Entwicklung der Beziehungen mit Finnland lobend ein. An der Südflanke bezeichnete er die Beziehungen mit der Türkei als „gut" und mit Griechenland als „traditionell". Es folgten die Aufzählung der „erfolgreich" sich entwickelnden Beziehungen mit Österreich, Schweden, Belgien, Zypern und der Hinweis auf die Normalisierung der Beziehungen mit Spanien „nach vierzigjähriger Unterbrechung". Erst dann wurden die Beziehungen mit Großbritannien behandelt, bei denen eine „Stagnation" beklagt wurde.

Breshnew bezeichnete den Nachrüstungsbeschluß der NATO als die „offenkundige Absicht", das „entstandene militärische Gleichgewicht in Europa" zugunsten des westlichen Bündnisses zu verändern. Er drohte, daß die Stationierung von neuen amerikanischen Mittelstrecken-Raketenwaffen in der Bundesrepublik Deutschland, in Italien, in Großbritannien, in den Niederlanden und Belgien „nicht ohne Auswirkungen" auf die Beziehungen der Sowjetunion zu diesen Ländern bleiben könne. Auf die Niederlande wurde nur in diesem Zusammenhang eingegangen. Dagegen sind Norwegen, Dänemark und Portugal überhaupt nicht erwähnt worden.

Anschließend sprach sich Breshnew für eine kontinuierliche Fortführung des von der KSZE eingeleiteten Prozesses auf multilateraler Ebene aus.

Im außenpolitischen Kurs Japans glaubte Breshnew „verstärkte negative Momente" — „das Liebäugeln mit den gefährlichen Plänen Washingtons und Pekings" — und eine „Tendenz zur Militarisierung" festgestellt zu haben. Er betonte zugleich das besondere Interesse an „dauerhaften, wirklich gutnachbarlichen Beziehungen" zu Japan, das nach dem sowjetischen Plan in die vertrauensbildenden Maßnahmen im Fernen Osten einbezogen werden soll.

Bei einer kurzen Betrachtung der Beziehungen mit den lateinamerikanischen Staaten, die als „nützlich" charakterisiert wurden, sind von Breshnew Mexiko, Brasilien, Argentinien, Venezuela und Peru besonders erwähnt worden. Im Hinblick auf die Weiterentwicklung der Beziehungen zu Kanada stellte er mit Befriedigung das Vorhandensein von „nicht wenigen Reserven" fest.

Die Revolution in Nikaragua wurde von Breshnew in seiner Einführung neben den „Revolutionen" in Äthiopien und Afghanistan besonders erwähnt, während die Entwicklung in El Salvador mit Stillschweigen übergangen wurde.

7. Die Modifizierung des „Friedenskampfprogramms" Breshnews

Im fünften Abschnitt seines Referats ist von Breshnew unter der Überschrift „Den Frieden festigen, die Entspannung vertiefen, das Wettrüsten zügeln" eine Reihe von Entspannungs- und Rüstungsbegrenzungsmaßnahmen vorgeschlagen worden. Es handelt sich dabei teilweise um Vorschläge, die bereits auf dem XXIV. und XXV. Parteitag der KPdSU 1971 und 1976[19],

---
[19] Vgl. B. Meissner: Die Außenpolitik auf dem Parteitag der KPdSU „Außenpolitik", 22. Jg., 1971, S. 348 ff.; Derselbe: Außenpolitik auf dem XXV. Parteitag der KPdSU, „Außenpolitk", 27. Jg., 1976, S. 151 ff.

beim Besuch Breshnews in der DDR im Oktober 1979, auf der Jubiläumstagung des Warschauer Paktes im Mai 1980 und dem ZK-Plenum im Juni 1980 gemacht worden sind. In einigen Fällen war eine begrenzte Änderung des ursprünglichen Vorschlages festzustellen.

Im Breshnew-Referat sind folgende Vorschläge, die bereits früher von den Sowjets genannt oder übernommen wurden, wiederholt worden:

1. Verpflichtung „keine Kernwaffen gegen nichtkernwaffenbesitzende Staaten einzusetzen, die die Stationierung von Kernwaffen auf ihrem Territorium nicht zulassen";
2. Verpflichtung „die Produktion von Kernwaffen einzustellen und mit der Reduzierung der Kernwaffenvorräte bis zu ihrer völligen Liquidierung zu beginnen";
3. Maßnahmen zum Verbot „aller anderen Arten von Massenvernichtungswaffen";

Als Erfolg auf diesem Gebiet bezeichnete Breshnew:

a) Die Inkraftsetzung der „Konvention über das Verbot militärischer und sonstiger feindseliger Anwendung von Mitteln zur Einwirkung auf die Umwelt";
b) die Einigung über die wichtigsten Bestimmungen des Vertrages über das Verbot der radiologischen Waffen";
c) die Bemühungen um eine „Vereinbarung über den Ausschluß chemischer Waffen";

Er forderte zusätzlich:

d) ein „Abkommen über das Verbot von Neutronenwaffen". Er erklärte, daß die Sowjetunion „die Produktion von Neutronenwaffen nicht aufnehmen werde, solange sie nicht bei anderen Staaten auftauchen".

4. Verpflichtung, „weder Kernwaffen noch konventionelle Waffen als erste gegeneinander einzusetzen";
5. Verpflichtung, „die bestehenden Militärblöcke nicht zu erweitern". Es sollen auch keine neuen in Europa und auf anderen Kontinenten gebildet werden";

Die Sowjets möchten mit diesem Vorschlag vor allem den Beitritt Spaniens zur NATO verhindern.

6. Einberufung der Konferenz über militärische Entspannung und Abrüstung in Europa;

Dieser Vorschlag geht auf eine französische und nicht — wie Breshnew behauptet — eine sowjetische Initiative zurück. Das westliche Bündnis hat ihm bereits zugestimmt.

7. Bemühungen um „Fortschritte bei den Wiener Verhandlungen über die Reduzierung von Streitkräften und Rüstungen in Mitteleuropa"; wie der Stillstand bei den MBFR-Verhandlungen überwunden werden soll, war bei Breshnew nicht zu entnehmen.

8. Schaffung von kernwaffenfreien Zonen in Afrika, dem Nahen Osten und Lateinamerika;

Nicht erneuert wurde der Vorschlag zur Bildung einer kernwaffenfreien Zone in Mitteleuropa (Rapacki-Plan);

9. Schaffung von „Friedenszonen".

Der bereits 1976 gemachte Vorschlag einer Friedenszone im Indischen Ozean ist um Vorschläge von Friedenszonen in Südostasien und im Mittelmeer erweitert worden.

Die Vorschläge zu räumlich begrenzten „Friedenszonen" ergeben sich aus dem sowjetischen Konzept einer selektiven Entspannung, die in bestimmten Regionen eine Festschreibung des sowjetischen Einflusses oder eine Neutralisierung ermöglicht, während in anderen Bereichen der Kampf um ihre Beherrschung mit allen Mitteln unterhalb der Schwelle internationaler Kriege fortgeführt wird. In diesem Sinne war auch das von Breshnew genannte Ziel zu verstehen, mit Hilfe der KSZE „ganz Europa zu einer solchen Zone zu machen", was eine Abkoppelung Westeuropas von den Vereinigten Staaten und damit seine weitgehende Neutralisierung zur Folge hätte.

Von Breshnew ist das auf dem XXIV. Parteitag der KPdSU verkündete „Friedensprogramm" als ein weiter gültiger „zuverlässiger Kompaß" bezeichnet worden. Durch diese Feststellung ist der Eindruck erweckt worden, als ob es sich um ein einheitliches außenpolitisches Aktionsprogramm handelte, das im vollen Umfange relevant sei. Tatsächlich ist 1976 eine Verstärkung der kämpferischen Züge dieses Aktionsprogramms erfolgt, welche die Bezeichnung „Friedenskampfprogramm" im Sinne des ideologisch bedingten doppeldeutigen sowjetischen Friedensbegriffs als zutreffender erscheinen läßt.

Einige Vorschläge, die offenbar weiter als gültig anzusehen waren, sind von Breshnew nicht wiederholt worden. Das galt insbesondere für bestimmte Vorschläge, die auf der Jubiläumstagung des Warschauer Paktes gemacht wurden. Dies war zum Beispiel bei dem Projekt einer Konferenz für Sicherheit in Asien (KSA), dem Vorschlag zum Abschluß eines Weltvertrages über Gewaltverzicht und einer bestimmten Bereitschaft des Warschauer Paktes zur „Globalisierung der Entspannung" der Fall.

Dafür sind von Breshnew eine Reihe von Vorschlägen gemacht worden, mit denen eine Ergänzung und Modifizierung des bisherigen „Friedenskampfprogramms" verbunden war. Teilweise handelte es sich um eine Erweiterung und Präzisierung bereits früher gemachter Vorschläge und nicht um völlig neue Projekte.

Unter ihnen ist der Vorschlag, die Raketenwaffen mittlerer Reichweite, die in Europa stationiert sind, „einschließlich der vorgeschobenen Kernwaffen der USA in diesem Gebiet", „quantitativ und qualitativ auf dem vorhandenen Stand einzufrieren", besonders hervorzuheben. Dieser Vorschlag eines Moratoriums war so formuliert, daß der in ihm enthaltene Stationierungsstop für neue Mittelstrecken-Raketenwaffen als Vorbedingung über ihre „Begrenzung" oder „Reduzierung" verstanden werden mußte. Die Sowjetunion hat bekanntlich in den letzten Jahren durch die neuen SS-20-Raketenwaffen und die Backfire-Bomber ein gewaltiges eurostrategisches Übergewicht gewonnen. Der Moratoriumsvorschlag Breshnews bezweckte dieses Übergewicht festzuschreiben und gleichzeitig die NATO zu einem Verzicht auf die im Doppelbeschluß vom Dezember 1979 vorgesehene Nachrüstung zu veranlassen. An diesem Vorschlag ist von den Sowjets mit einer geringfügigen Modifizierung nach dem XXVI. Parteitag in der Hoffnung weiter festgehalten worden, dadurch die westeuropäische Öffentlichkeit unter Ausnutzung der pazifistischen und neutralistischen Strömungen gegen die Verwirklichung der Nachrüstung besser beeinflussen zu können. Zugleich ist die Aufstellung der SS-20-Raketen trotz gegenteiliger Erklärungen Breshnews weiter fortgesetzt worden.

Neu war im Breshnew-Referat die Bereitschaft der Sowjetunion, die vertrauensbildenden Maßnahmen auf den europäischen Teil der Sowjetunion, wie dies früher vom Westen gefordert worden ist, auszudehnen. Unklar blieb allerdings, welche Gegenleistung die Sowjets für eine solche Ausdehnung bis zum Ural auf der westlichen Seite erwarteten. Neu war auch der sowjetische Plan von vertrauensbildenden Maßnahmen im Fernen Osten, der eine Beteiligung der Vereinigten Staaten neben der Sowjetunion, China und Japan vorsah.

Insgesamt konnte aus der außenpolitischen Generallinie, die auf dem XXVI. Parteitag aufgrund des Breshnew-Referats angenommen wurde, der Wunsch der überalterten Kreml-Führung nach einer außenpolitischen Atempause und damit einer neuen Entspannungspause ersehen werden.

Er hatte im Oktober 1981 die Aufnahme der Verhandlungen mit den Vereinigten Staaten über die interkontinentalen strategischen Waffen und die Mittelstreckenwaffen in Europa zur Folge. Ihr Verlauf ließ sich bis zum Tode Breshnews eine Bereitschaft der Sowjetunion zu größeren Zugeständnissen nicht erkennen. Auch an der außenpolitischen Doppelstrategie ist mit einer stärkeren Betonung des kontinentalen gegenüber dem globalen Aspekt weiter festgehalten worden.

III. Die sowjetische Außenpolitik unter Andropow

Die begrenzte Kurskorrektur der sowjetischen Außenpolitik auf dem XXVI. Parteitag der KPdSU dürfte mit Rückendeckung Tschernenkos, in dessen Händen die Regie des Parteitages lag, erfolgt sein. In zwei Artikeln in der Zeitschrift „Meshdunarodja Shisn'", die der neuen außenpolitischen Generallinie und der Bedeutung der KSZE-Schlußakte gewidmet waren, hat Tschernenko sein Interesse an der Fortführung der Entspannungspolitik deutlich erkennen lassen[20].

Auch den Äußerungen Andropows, der Tschernenko als Nachfolger Breshnews im Amt des Generalsekretärs vorgezogen wurde, konnte ein größeres Interesse an der Entspannung entnommen werden, wobei Andropow besonderen Nachdruck auf die Rüstungsbegrenzung und Abrüstung legte[21].

Im außenpolitischen Teil seiner Rede auf dem ZK-Plenum am 22. November 1982 ist von Andropow die Kontinuität mit der Außenpolitik Breshnews, die auf dem XXIV. Parteitag 1971, dem XXV. Parteitag 1976 und dem XXVI. Parteitag 1981 festgelegt worden ist, besonders betont worden. Seine weiteren Ausführungen waren verhältnismäßig kurz gehalten. Ausführlicher ist er in der Jubiläumsrede am 21. Dezember 1982[23] auf die Außenpolitik eingegangen. Sie sind durch die Deklaration des Politischen Beratenden Ausschusses des Warschauer Paktes vom 5. Januar 1983, die auf der Prager Gipfelkonferenz unter maßgeblicher Beteiligung Andropows verfaßt wurde, ergänzt worden.

Die Betonung liegt jetzt in viel stärkerem Maße als bisher auf der kontinentalen, auf den eurasischen Großraum bezogenen Strategie. Hinter ihr tritt die globale Strategie deutlich zurück. Die Festigung der „sozialistischen Gemeinschaft" wird in der ZK-Rede als die „erstrangige Sorge unserer Partei" bezeichnet. Andropow erklärt, daß die KPdSU und der Sowjetstaat aufrichtig eine Weiterentwicklung und Verbesserung der Beziehungen mit allen sozialistischen Staaten wünschen. Er hat dabei das besondere Interesse der Sowjetunion, ihre Beziehungen zur Volksrepublik China zu normalisieren, unterstrichen.

---

[20] Vgl. K. Cernenko: Leninskaja strategija mira v dejstvii (Die Leninsche Friedensstrategie in Aktion), „Mezdunarodnaja Zizn'" (Internationales Leben) — abgekürzt MZ, 1976, Nr. 4, S. 3 ff.; Doverie i sotrudnicestvo mezdu narodami — zalog mira i bezopastnosti (K 5-j godvosciny obsceevropejskogo sovscanija v Chel'sinki) — Vertrauen und Zusammenarbeit zwischen den Völkern — ein Unterpfand des Friedens und der Sicherheit, MZ, 1980, Nr. 8, S. 3 ff.

[21] Vgl. C. G. Ströhm: Die vielen Bilder des Jurij Andropow, „Die Welt" vom 22. 11. 1982.

[22] „Prawda" vom 23. 11. 1982.

[23] „Prawda" vom 22. 12. 1982.

In der Jubiläums-Rede wird mit dem Prinzip des sozialistischen Internationalismus am sowjetischen Hegemonieanspruch im Rahmen des „Weltsystems des Sozialismus" festgehalten. Es wird aber zugegeben, daß es in den gegenseitigen Beziehungen „Illusionen" und „Fehler" gegeben habe, „für die man bezahlen mußte". Es sei notwendig, Wege zu finden, um die allgemeinen Interessen der Gemeinschaft, d.h. des engeren sowjetischen Hegemonialverbandes, mit denen der einzelnen Länder, die ihm angehörten, „mit immer größerem Erfolg aufeinander abzustimmen". Die weiter fortbestehenden Schwierigkeiten gedenkt Andropow, wie aus der Prager Deklaration hervorgeht, durch eine „weitere Vervollkommnung der politischen Zusammenarbeit" und durch „einen neuen Impuls für den ökonomischen Intergrationsprozeß", der auf einer langfristigen Grundlage erfolgen soll, im Rahmen des Rates für Gegenseitige Wirtschaftshilfe zu überwinden.

Im Hinblick auf die Entwicklungsländer äußert sich Andropw sehr viel vorsichtiger als Breshnew. Die Unterstützung nationaler Befreiungsbewegungen wird nur am Rande vermerkt, dafür aber die Bedeutung der „Blockfreien-Bewegung" besonders hervorgehoben.

Bei der Behandlung der Beziehungen mit den kapitalistischen Ländern wird die Notwendigkeit einer Wiederaufnahme der Entspannungspolitik und der Fortführung des KSZE-Prozesses unterstrichen.

Besonderer Nachdruck wird auf die Zusammenarbeit mit Westeuropa gelegt. Unter Bezugnahme auf die weltpolitische Verflechtung der Sowjetunion werden die „Prinzipien der friedlichen Koexistenz", die von sowjetischer Seite in einem sehr einseitigen Sinn ausgelegt werden, als „das Fundament der Außenpolitik der UdSSR" bezeichnet.

In der Prager Deklaration wird das starke Interesse an dem erfolgreichen Abschluß der Madrider Folgekonferenz mit der Annahme eines „substantiellen und ausgewogenen Schlußdokuments", und der Durchführung einer weiteren Folgekonferenz bekundet. Gleichzeitig wird das besondere Interesse an der Einberufung einer „Konferenz für vertrauens- und sicherheitsbildende Maßnahmen und Abrüstung in Europa" erklärt. Beides ist inzwischen ungeachtet der Ost-West-Konfrontation erreicht worden. Auf die Bedeutung von vertrauensbildenden Maßnahmen, ist in der Jubiläums-Rede besonders hingewiesen worden.

Den Hauptnachdruck legte Andropow in beiden Reden auf Maßnahmen der Rüstungsbegrenzung und Abrüstung. Seine diesbezüglichen Vorschläge begründete er mit der komplizierten internationalen Lage, deren Verschärfung er einseitig den Vereinigten Staaten vorwarf. Seine Vorschläge bezogen sich einerseits auf die START-, andererseits auf die INF-Verhandlungen zwischen der Sowjetunion und den Vereinigten Staaten in Genf[24].

In der Jubiläums-Rede teilte Andropow die sowjetische Bereitschaft mit, die strategischen Rüstungen „um mehr als 25 Prozent zu reduzieren". Bei einer entsprechenden Übereinkunft und einem Einfrieren der strategischen Arsenale könnte in weiteren Verhandlungen noch eine größere Reduzierung, die sich auf „alle Arten der strategischen Waffen" beziehen würde, erzielt werden. Eine Überlegenheit der Sowjetunion gegenüber den Vereinigten Staaten in den strategischen Waffen wurde von Andropow geleugnet sowie einseitige Zugeständnisse abgelehnt. Die Herausforderung durch die amerikanischen Rüstungsanstrengungen würde die Sowjetunion durch den Aufbau entsprechender Waffensysteme beantworten. Im Hinblick auf die Mittelstreckenwaffen verwies Andropow in der Jubiläumsrede auf den sowjetischen Vorschlag, sie „auf weniger als ein Drittel" zu reduzieren. Er lehnte die westliche Null-Lösung ab, weil sie „die Liquidierung aller sowjetischen Mittelstreckenraketen nicht nur im europäischen, sondern auch im asiatischen Teil der UdSSR" vorsehen würde. Die Sowjetunion sei jedoch zu einer „ehrlichen Null-Variante" bereit, die vorsehen würde, „daß die Sowjetunion in Europa nur genauso viele Raketen behält, wie Großbritannien und Frankreich". Im Falle eines solchen Abkommens würde die Sowjetunion „Hunderte Raketen abbauen", darunter „mehrere Dutzend moderner Raketen, die im Westen als SS-20 bezeichnet werden".

Die Vorschläge waren nicht neu, da sie bereits unter Breshnew in Genf gemacht worden waren. Sie waren vor allem darauf gerichtet, die gewaltige eurostrategische Überlegenheit, welche die Sowjetunion im Verlauf der beschleunigten Aufrüstung seit 1975 auf dem Gebiet der landgestützten Mittelstreckenraketen gewonnen hatte, durch Verhinderung einer entsprechenden Modernisierung der amerikanischen Mittelstreckenraketen in Europa im Rahmen der „Nachrüstung" mit geringfügigen Abstrichen weiter aufrechtzuerhalten.

Auf der anderen Seite ließ die Art, wie Andropow diesen Vorschlag, der für den Westen unannehmbar sein mußte, präsentierte, erkennen, daß er ihn trotz der propagandistischen Nebenwirkung in erster Linie als einen wichtigen Zug in einem Schachspiel ansah, dessen Ausgang für die weitere Entwicklung der Sowjetunionm von entscheidender Bedeutung war. Daher war sein Drängen auf eine Antwort von amerikanischer Seite ernst gemeint.

Die Vorschläge Andropows stehen unter Zugrundelegung des „Prinzips der Gleichheit und der gleichen Sicherheit", das von Ost und West verschieden ausgelegt wird, auch im Mittelpunkt der Prager Deklaration. Sie enthält auch den Vorschlag eines Nichtangriffspaktes zwischen den Mitgliedstaaten der NATO und des Warschauer Paktes, der seit 1955 von sowjetischer Seite

---

[24] Vgl. G. Wettig: Die sowjetischen INF-Daten kritisch beleuchtet, „Außenpolitik", 34. Jg., 1983, S. 31 ff.

immer wieder gemacht worden ist[25]. Im Verhältnis zum Vorschlag eines Gewaltverzichtsvertrages bedeute er das Angebot geringerer Sicherheit, da damit die Drohung mit Gewalt nicht erfaßt wird. Besonderer Wert wurde in der Deklaration auf die Begrenzung und Reduzierung der Seestreitkräfte und die Ausdehnung der vertrauensbildenden Maßnahmen „auf Meere und Ozeane" gelegt. Gleichzeitig sind eine Reihe von Vorschlägen wiederholt worden, die bereits unter Breshnew gemacht wurden. Dazu gehören Vorschläge zur Schaffung von kernwaffenfreien Zonen in Nordeuropa, dem Balkan und „anderen Regionen Europas" sowie die Umwandlung des Mittelmeeres und des Indischen Ozeans in „Friedenszonen", d.h. ihre faktische Neutralisierung. Interessanterweise war mit Rücksicht auf die Volksrepublik China und die Vereinigten Staaten weder von einer Konferenz für Sicherheit in Asien, noch von einer Friedenszone in Südostasien oder in der Karibik die Rede. Es hieß lediglich: „Es ist erforderlich, die in der Karibik und Südostasien bestehenden Probleme mit politischen Mitteln zu lösen und zur Festigung des Friedens mit Asien und im pazifischen Raum beizutragen".

In der Deklaration ist auf einige weltpolitische Krisengebiete näher eingegangen worden, die Andropow in seinen beiden Reden ausgeklammert hatte. Bei ihrer Behandlung war eine größere Bereitschaft erkennbar, Lösungen zu ermöglichen, die zu einer Entspannung in einzelnen Regionen beitragen können. Das bezieht sich unter anderem auf die positive Beurteilung der in Fès auf Initiative der Saudis aufgestellten Prinzipien einer Nahostregelung und auf die Verhandlungen zwischen Afghanistan und Pakistan, von denen sich die Sowjetunion offenbar die Möglichkeit einer Beendigung ihres afghanischen Abenteuers erhofft.

Im Hinblick auf die INF-Verhandlungen in Genf sind seitdem Unterschiede zwischen Andropow und Gromyko sichtbar geworden. Andropow hat sich in der Jubiläumsrede bereit erklärt, gegebenenfalls einen Teil der SS 20-Raketen abzubauen und damit zu verschrotten. Gromyko hat dies auf der internationalen Pressekonferenz am 2. April 1983 abgelehnt und sich nur zu einer teilweisen Verlagerung der Raketen nach Asien bereit erklärt. Andropow hat seine Bereitschaft zum Abbau der SS 20-Raketen erst in seinem „Prawda"-Interview vom 27. August 1983, nachdem er seine Machtstellung im Sommer 1983 ein wenig gefestigt hatte, wiederholt. Interessant war, daß er dabei die Behauptung, daß die Sowjetunion mit der Reduzierung „lediglich deren Verlegung in die östlichen Gebiete meinte", als „eine bewußte Unwahrheit" bezeichnete. Dem Vorschlag Andropows kam nur taktische

---

[25] Vgl. B. Meissner: Sowjetunion und die kollektive Sicherheit, „Außenpolitik", 21. Jg., 1970, S. 397 ff.; Derselbe: Die Sicherheitsvorstellungen der Sowjetunion und die Konferenz über Sicherheit und Zusammenarbeit in Europa, „Internationales Recht und Diplomatie", Jg. 1975/76, S. 19 ff.

Bedeutung zu, da er bisher nicht die Macht hatte, selbst dieses begrenzte Zugeständnis, das an Bedingungen geknüpft war, die für den Westen weiterhin nicht akzeptabel waren, durchzusetzen.

Der sowjetische Außenminister ist in seiner Rede vor dem Obersten Sowjet der UdSSR am 16. Juni 1983 der Grundauffassung Andropows, daß die Konsolidierung des engeren Machtbereichs der Sowjetunion als der derzeitige Schwerpunkt der sowjetischen Außenpolitik anzusehen sei, gefolgt. Er hat jedoch dabei die Weitergeltung der Grundsätze, welche die „Breshnew-Doktrin" bilden, besonders betont. Offen bleibt, auf welche Weise die sowjetische Seite die polnische Krise, die auch nach der Aufhebung des Kriegsrechtsregimes fortbesteht, zu lösen gedenkt. Im übrigen ließen die Ausführungen Gromykos das Interesse der Kreml-Führung, die Ost-West-Beziehungen unabhängig vom Raketenstreit, wiederzubeleben, deutlich erkennen. Der Bundesrepublik Deutschland ist dabei, trotz des im November 1983 erfolgten Abbruchs der INF-Verhandlungen, eine wesentliche Rolle zugedacht.

Printed by Libri Plureos GmbH
in Hamburg, Germany